愛迪生的世界足跡地圖

愛迪生出生於美國，下列地圖記載了與他相關的地點和時間。

1864年　成爲加拿大斯特拉特福車站的電報技師。
1855年　開始在家自學，不再上小學。
1859年　開始於Grand Trunk 鐵道列車上販售報紙。
斯特拉特福
休倫港
芒特克萊門斯
伊利湖
米蘭
1862年　站長爲了感謝愛迪生救了自己的兒子，於是教授他電報技術。
1847年　出生於美國俄亥俄州。
美國
主要活動地區

漫畫：吉田健二（Yoshida Kenji）

漫畫家。經由講談社週刊少年Magazine出道，於新潮社週刊COMIC BUNCH上連載《日本國大總統櫻坂滿太郎》。另外，還在COMIC BUNCH上畫了短篇〈shield files〉及〈死因究明課〉等，也曾在COMIC BUNBUN連載《鐵道國王GO！》。也參與了POPLAR社出版的《幕末英雄傳　坂本龍馬》與《幕末・維新人物大百科》；亦執筆畫了PHP研究所發行的《沖繩美麗海水族館》。

監修：前島正裕（Maejima Masahiro）

國立科學博物館，理工學研究部科學技術史團隊工學博士。
研究科學技術史，特別是電力技術史及情報通信技術史。

漫畫版 世界偉人傳記 系列

★最新漫畫易讀版★相關領域專業人士監修★

用**有趣生動**的漫畫偉人傳記，激發孩子的**閱讀興趣**！
圖文並茂，認識偉人生平的同時，也讓孩子自然學會**良善特質**！

① 創新！
愛迪生
點亮全世界的
發明大王

② 熱情！
貝多芬
克服耳聾殘疾的
偉大音樂家

③ 挑戰！
萊特兄弟
實現人類翱翔天空
的夢想

④ 毅力！
居禮夫人
第一位女性諾貝爾
獎得主、物理化學
雙得主

⑤ 仁愛！
南丁格爾
奉獻一生的
戰地護理天使

⑥ 和平！
諾貝爾
創立人類社會最高
榮譽獎項的火藥之王

⑦ 膽識！
伊莉莎白女王一世
締造日不落帝國的
榮光女王

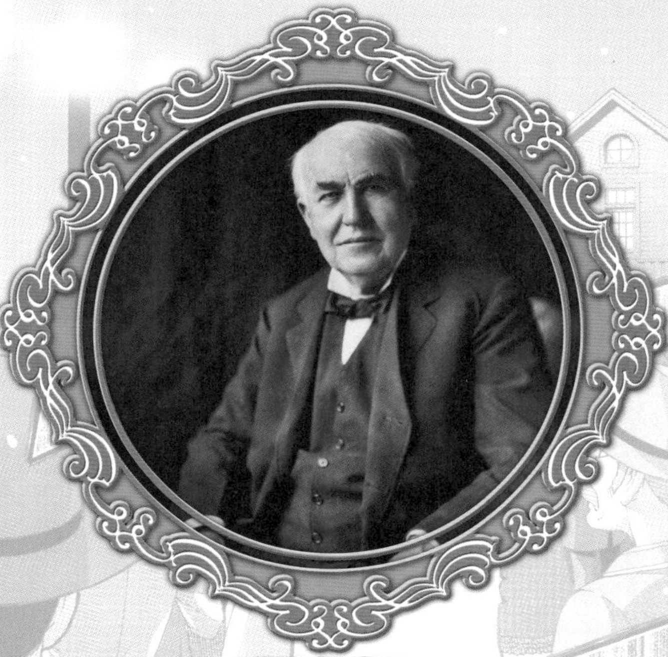

漫畫版
世界偉人傳記
①
愛迪生

漫畫：吉田健二　監修：前島正裕

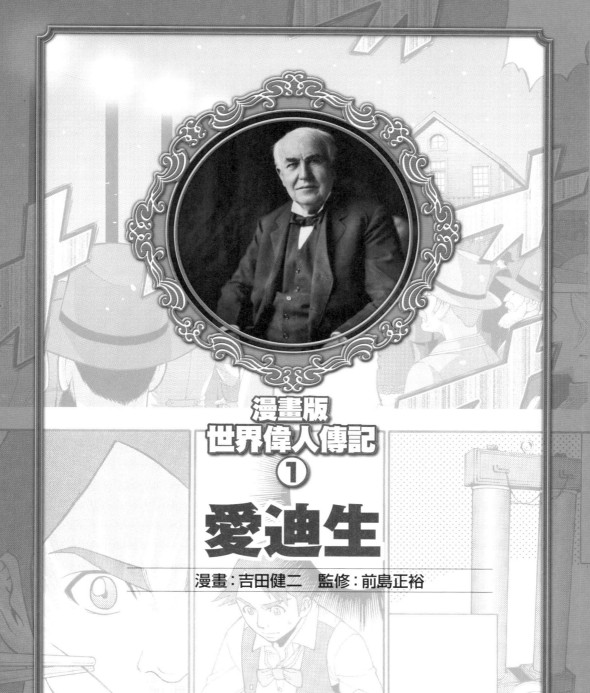

漫畫版
世界偉人傳記①

愛迪生

目錄

增長見聞的學習教室

※本作品為參考歷史文獻改編而成的漫畫。

登場人物介紹

湯瑪斯·阿爾瓦·愛迪生(Thomas Alva Edison)

從小就對事物懷有強烈好奇心，靠著靈光乍現的點子與努力，發明了許多物品，如白熾燈泡及留聲機等。

山繆爾·愛迪生(Samuel Edison)

愛迪生的父親。因為想知道「為什麼物體會燃燒？」而引起火災的少年愛迪生，總是讓山繆爾不知如何是好。

南西·愛迪生(Nancy Edison)

愛迪生的母親。小學老師認為少年愛迪生是個問題兒童，於是南西決定讓愛迪生在家自學並親自指導。

瑪麗·史迪威(Mary Stilwell)

愛迪生的妻子。愛迪生對瑪麗一見鍾情後結婚，但瑪麗卻因為罹患傷寒，年紀輕輕便撒手人寰。

詹姆斯·U·馬肯斯(James U Mackenzie)

芒特克萊門斯車站站長。兒子差點遭列車撞上，幸好被愛迪生所救。為了答謝救命之恩，詹姆斯決定教授愛迪生電信技術。

米娜·米勒(Mina Miller)

愛迪生39歲時再婚的對象。米娜是企業家路易斯．米勒的女兒；他們的兒子查爾斯後來成為活躍政壇的政治家。

尼古拉·特斯拉(Nikola Tesla)

愛迪生的部下。與愛迪生意見相左，憤而離開公司。和愛迪生一同成為諾貝爾獎候選人，但並未獲獎。

亨利·福特(Henry Ford)

大量生產汽車，創造了全新的時代。曾任職於愛迪生的照明公司，後來獨立創業。也是愛迪生的摯友。

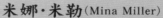

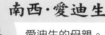

美國
俄亥俄州米蘭
—一八五三年—
伯伯，你們在這裡蓋什麼東西？
為什麼這個是彎的？
想要生火，該怎麼做才可以？
火為什麼會燃燒？
吵死了，滾一邊去！
伯伯，告訴我嘛！
鬼才知道！
別妨礙我們工作！
……
噠 噠

第1章 少年時代

他們口中的「阿爾」，正是湯瑪斯．阿爾瓦．愛迪生。
這時阿爾身邊的人還不知道，阿爾後來發明了取代瓦斯燈的電燈，點亮了籠罩世界的黑夜。

溼漉漉
我回來了！
溼漉漉
阿爾，你怎麼了？怎麼全身溼淋淋的？
我在外面玩，不小心掉到運河裡面，被人救了上來。
你這孩子真是的……
幸虧你沒受傷，但是記得：不可以做危險的事情喔！
母親
南西・愛迪生
……
以後要小心喔！

但是，愛迪生總是無法抑制自己的好奇心。
小弟，抓住繩子！
他曾經因為想看小麥倉庫的內部構造，不小心踩空，掉進倉庫裡。
也曾因為想知道火為什麼會燃燒，以及火勢是如何延燒的，
於是做了實驗，導致置物倉庫發生火災。
之後又有一天。
盯——
嘻嘻
阿爾，你又有了什麼好奇的事情嗎？

有一隻鵝動也不動的。
牠一坐在蛋上面就不再動彈，那是為什麼？
你一定覺得牠很不可思議吧？
那是因為鵝媽媽很寶貝牠生的蛋，所以才抱著蛋保護它們。
牠抱著蛋？
沒錯!!
鵝媽媽抱著蛋，在孵蛋喔！
為什麼要孵蛋？
鵝媽媽孵蛋，才能生出鵝寶寶呀！
過一陣子，蛋裡面就會孵出鵝寶寶喔！

原來如此——
媽媽，謝謝妳！
噠噠…
阿爾不是奇怪的孩子。
因為他對眼前的種種事物深感興趣，所以才會不斷發問。
仔細觀察各種事物，並不斷思考的阿爾，應該是個聰明的孩子才對。

我回來了！
什麼？阿爾還沒回家？
父親
山繆爾・愛迪生
對。他沒有去你公※司找你嗎？
沒有，他沒來。
我回家時經過運河一帶，也沒看到他。
希望他別做什麼危險的事情才好。
唔嗯……
我去附近找找看。

※父親山繆爾當時從事木材商兼穀物商的工作。

阿爾——
阿爾——
真是的，究竟跑哪去了？
啊！
對了，今天他曾經提過鵝的事情。
他在玩什麼遊戲？他怎麼蹲在養鵝小屋裡一動也不動？
……
阿爾，你怎麼了？

準備要吃飯嘍！
我等一下再吃。我這樣抱著蛋，
不久後，鵝寶寶就會出生了。
哎呀，阿爾你……
啊哈哈！
人類模仿鵝孵蛋，是孵不出鵝寶寶的。
鵝媽媽孵蛋，得好幾天動也不動地坐在蛋上，幫蛋保溫，才能孵出鵝寶寶來喔！
咦咦!?

其他人都說阿爾是個怪孩子，
妳怎麼看？
媽媽知道你只是什麼都想嘗試看看而已，對不對？
即使不成功，也想自己嘗試看看。失敗了也沒關係。
阿爾你就是這樣學會新知識的，對吧？

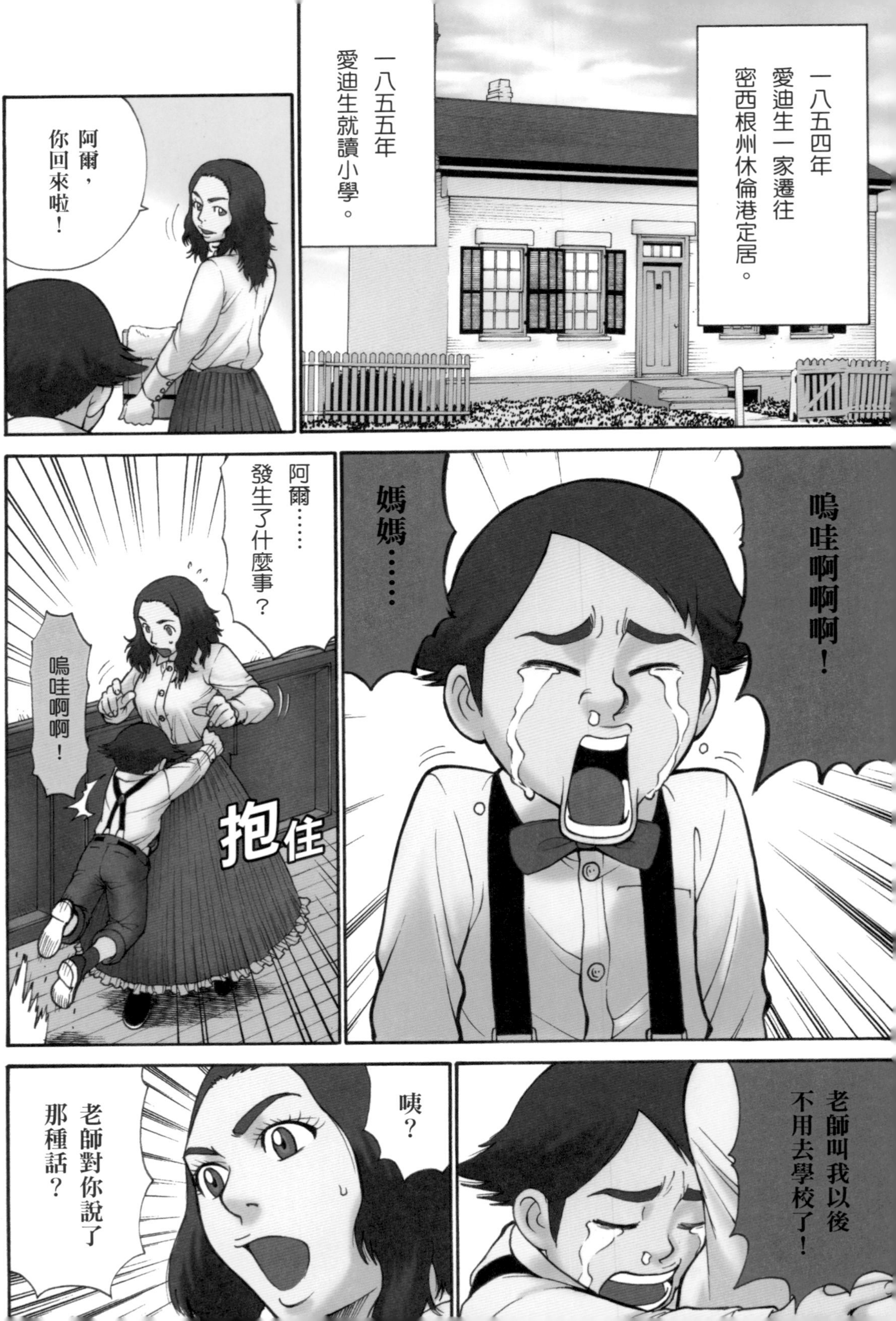
一八五四年
愛迪生一家遷往
密西根州休倫港定居。
一八五五年
愛迪生就讀小學。
阿爾，
你回來啦！
嗚哇啊啊啊！
媽媽……
阿爾……
發生了什麼事？
嗚哇啊啊！
抱住
老師叫我以後
不用去學校了！
咦？
老師對你說了
那種話？

老師說我去學校會妨礙他上課，叫我以後不要去上學了！
到底發生了什麼事？
阿爾，你跟我來！
抓
住
我原本想待會兒再寫封信，給兩位家長說明原委的。
理由是什麼？
在你對孩子說出那種殘酷的話之前，請先告訴我理由！

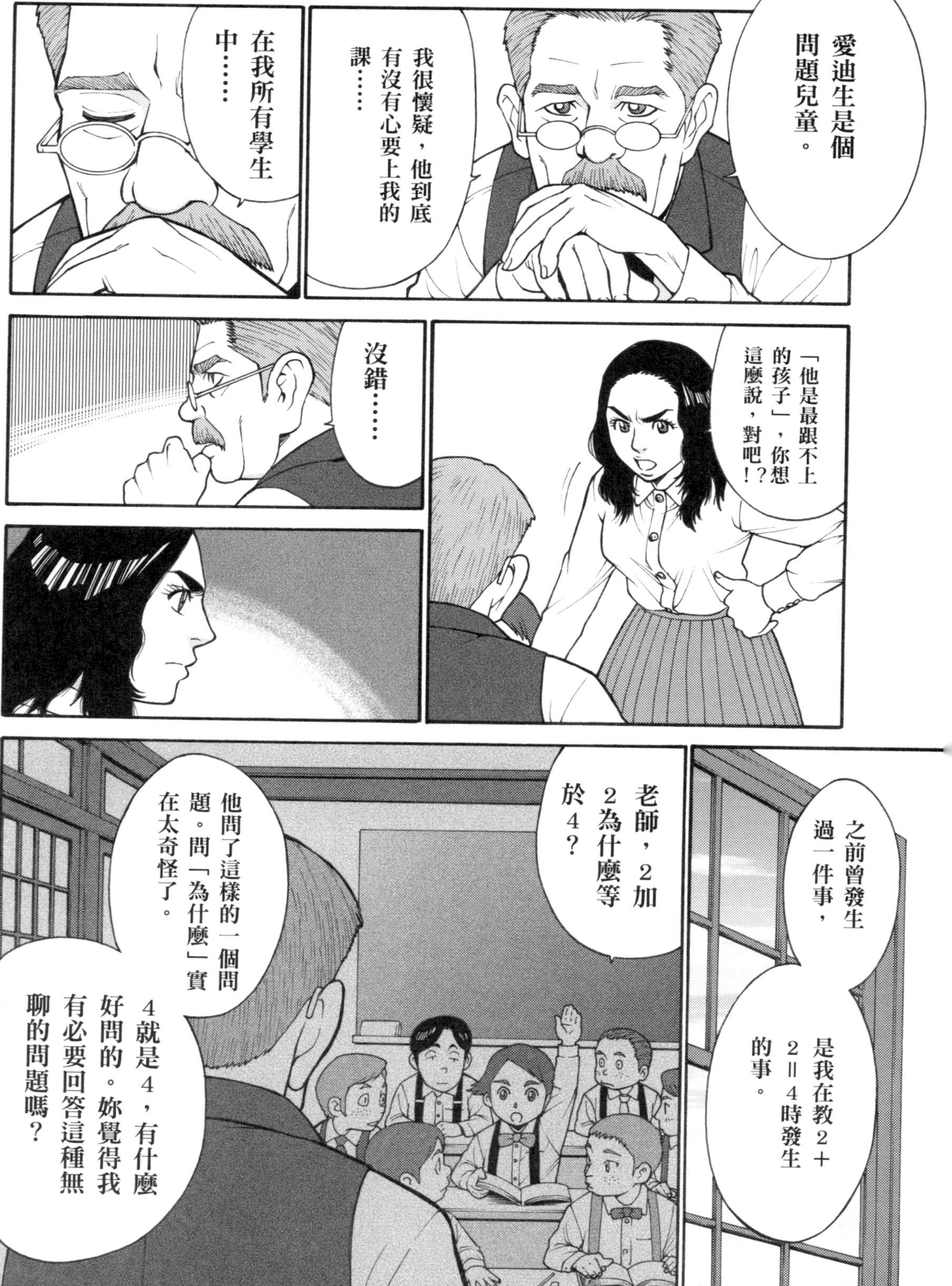
愛迪生是個問題兒童。
我很懷疑，他到底有沒有心要上我的課……
在我所有學生中……
「他是最跟不上的孩子」，你想這麼說，對吧！？
沒錯……
之前曾發生過一件事，
是我在教2＋2＝4時發生的事。
老師，2加2為什麼等於4？
他問了這樣的一個問題。問「為什麼」實在太奇怪了。
4就是4，有什麼好問的。妳覺得我有必要回答這種無聊的問題嗎？

對了，他還曾經看著教室外晃動的樹木，
跑來問我為什麼會颳風？
如果得一一回答他那些奇怪的問題，課會上不下去的。
……
小孩子對看到的東西感興趣，不是理所當然的嗎！
……
喀噠
沒想到連身為母親的妳都是這種態度，我也束手無策。
反正以後他不用來上學了，你們請回吧！
算了！今天起，由我親自教他！
請便……

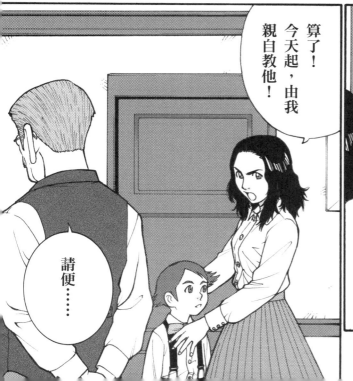

我要告訴你一句話，
我相信這孩子比任何人都來得聰明！
他絕對不是跟不上別人的傻瓜!!
結果愛迪生只上了3個月的小學。
阿爾，從今天起，我們家就是學校！
媽媽當你的老師，每天教你讀書吧！
母親南西是教會牧師的女兒，婚前有過在教會教導小孩子的經驗。
我回來了。

母親使用家裡原有的《世界歷史》一書，代替教科書來教導愛迪生。
但是，愛迪生一家搬來休倫港之後的生活並不輕鬆。
欸，媽，媽……
我們多種一點蔬菜，好不好？
那已經收成的菜怎麼辦？
我拿去街上賣。
這樣還能賺點錢，不錯吧？
也是……
工作也能學到社會的運作方式。
好吧，你加油吧！
愛迪生向母親學習如何播種及耕作。

愛迪生將收成的蔬菜拿到鎮上叫賣，
有時候蔬菜賣得不錯，獲利甚至可以幫助家裡的生活。
當時，小孩幫忙父母親工作是理所當然的一件事。
但是，對愛迪生而言，他工作不但可以使媽媽開心，
也能因此購買更多新書，所以他才會每天開開心心地出門工作。
某一天。
阿爾，媽媽覺得你一定會很喜歡這本書，所以買回來給你。
唔哇啊啊啊！這本書叫《自然科學學校》，好像很有趣的樣子！

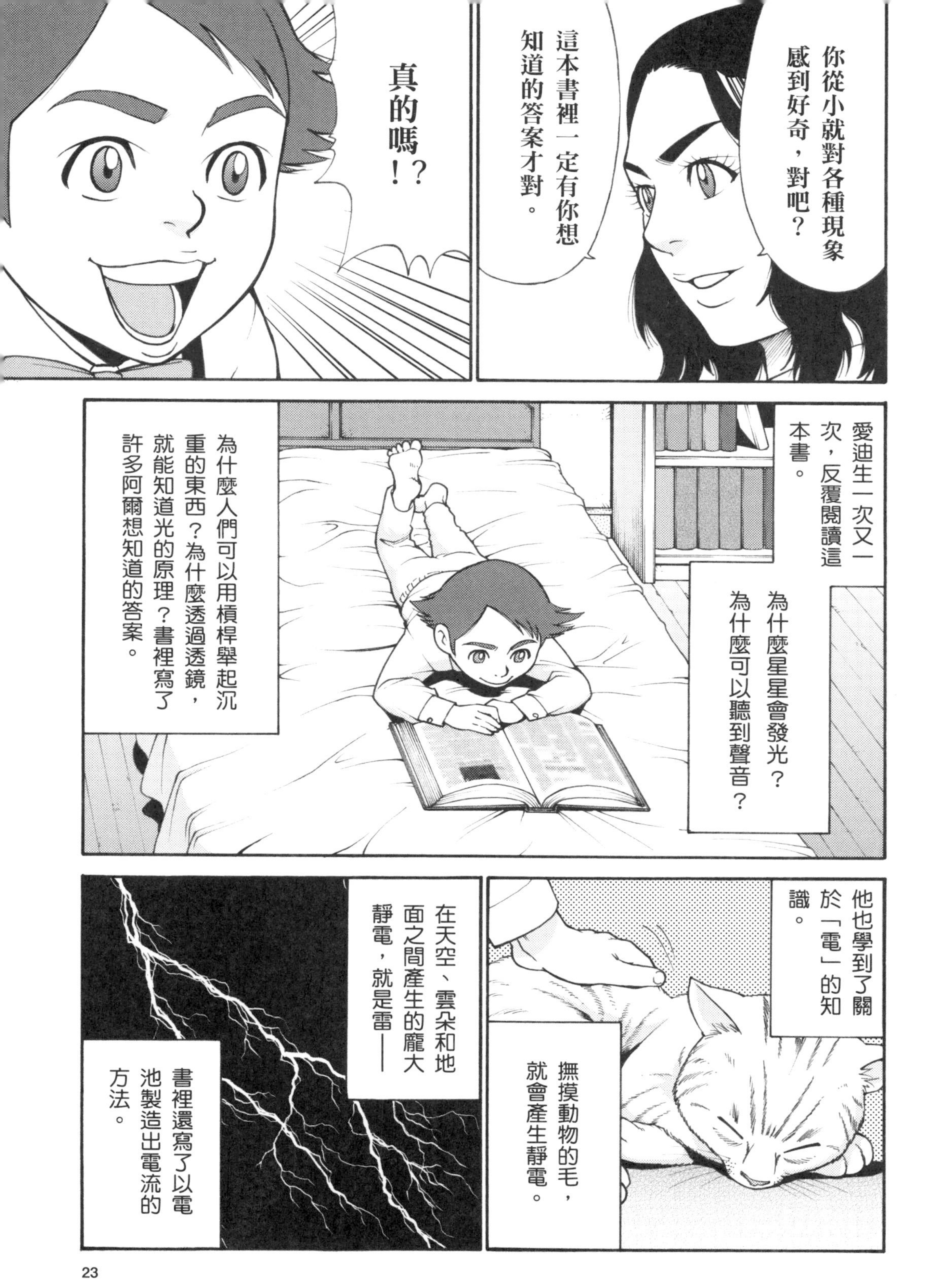
你從小就對各種現象感到好奇，對吧？
這本書裡一定有你想知道的答案才對。
真的嗎！？
愛迪生一次又一次，反覆閱讀這本書。
為什麼星星會發光？為什麼可以聽到聲音？
為什麼人們可以用槓桿舉起沉重的東西？為什麼透過透鏡，就能知道光的原理？書裡寫了許多阿爾想知道的答案。
他也學到了關於「電」的知識。
撫摸動物的毛，就會產生靜電。
在天空、雲朵和地面之間產生的龐大靜電，就是雷——
書裡還寫了以電池製造出電流的方法。

其中最令愛迪生感興趣的，是這本書裡甚至寫了利用各種不同藥品進行的科學實驗。
光是看書已經無法滿足愛迪生的好奇心，他無論如何都想親自實驗看看。
你想把地下室用來當作實驗室……？
對！
你可不能每天窩在地下室裡，淨顧著做實驗喔！
你還是要幫忙家裡，知道嗎？

嗯！我向你們保證！
愛迪生立刻在地下室打造了一座實驗室。
好了！
終於收集到各種不同的藥品了。
DANGER
DANGER
DANGER
DANG
愛迪生開始邊看書邊進行實驗。

愛迪生12歲時，連結休倫港與州政府所在地——底特律的鐵道開通了。
休倫港
聖克萊爾湖
底特律
伊利湖
愛迪生開始在列車上販售報紙。
報紙！蘋果！三明治！
糖漿！甜甜圈！
第2章 報童
愛迪生準備了一些乘客可能會買的東西，在往返兩地的列車內或火車停靠的車站販售。
給我報紙！
好的，謝謝惠顧！

蒸汽火車※一天來回兩地一趟，因此他中午會在底特律稍事休息。
ALVORD
哇啊……
這裡就是公共圖書館嗎～～～
在這裡可以自由地閱讀任何書籍！
也不會受任何人打擾，要我在裡面待上一整天也沒問題！

※這時候的火車還是利用蒸汽推動的蒸汽火車。

愛迪生一抵達底特律，就立刻買好報紙或食物等準備販售的東西。
然後在列車出發之前，都待在圖書館裡讀書。
好，
首先就從書櫃的這邊開始看起吧！
這裡的書好多啊！
不過……
總有一天，我一定要把這裡面的書全部看完！

即使看不懂書裡的內容，愛迪生也一定會把書看完。
後來他讀書的速度變快，因此看了更多書籍。
順道買個實驗工具燒瓶回家吧！
底特律也幫助愛迪生孕育他對化學的愛。
由於底特律的主要產業之一，正是製造化學藥品及醫療藥品，因此要購買各式各樣的實驗工具，可說是易如反掌。

休倫港到底特律的路程約3個小時。愛迪生賣完報紙之後，
喀噹
鏗咚
就會待在載客車廂裡，等待列車到站。
喀噹
鏗咚
光坐在車廂裡等待列車到站，實在太浪費時間了！
喀噠
對了，我可以利用這段時間來做做實驗！
愛迪生獲得站務人員許可，將藥品及實驗工具帶進列車之中。
於是，便誕生了一座移動的實驗室。

利用空檔讀書或進行實驗的習慣，使愛迪生的精神變得更加敏銳。
另一方面，列車上的工作也教會他做生意的方法。
愛迪生在友人的幫助之下，在休倫港開了兩間小店。
一間販售報紙及雜誌，
另一間販賣從父親菜園採收的蔬菜及水果，並與朋友平分收益。
某一天。
阿爾!!
實驗室起火了!!
別拖拖拉拉的，快點滅火!!
好……好!!

起火的原因，是燐棒偶然間接觸到空氣，起火後掉落地板所引起的。
拍打
拍打
阿爾，是因為你說實驗很安全，我才允許你實驗的。
但是很抱歉，請你馬上把東西收一收！
好……我知道了。
移動實驗室就這樣無疾而終。
不久之後，出現了一則大新聞席捲全美。

來看今天底特律自由報的頭條！林肯當選總統了！
林肯將成為新任總統！
當時，美國北方與南方的民眾嚴重對立。
北方工業發達，首都華盛頓也位於此地。
南方為農業地區，盛行種植棉花，使用許多黑人作為奴隸。
成為新任總統的林肯是北方人，
他致力於解放黑奴，因此造成南方民眾的不滿持續擴大。

號外！南北對立，美國即將要一分為二了！
詳細情形都寫在這份報紙裡！
南方軍隊開始攻擊北方軍隊了！
南北雙方終於爆發戰爭了！
民眾很想知道南北戰爭的新聞，紛紛買了報紙。
當時城鎮和城鎮之間都牽了電報纜線，並透過電報纜線傳遞戰爭的消息，
報社再將消息寫成報導。
隨著電信設備越來越完善，
愛迪生不知不覺間，也學會了以電報傳遞消息的原理。

某一天，愛迪生又發揮了他的企業家精神。
我自己來印報紙吧！
愛迪生在底特律鎮上買到了印刷機器。
有沒有其他報紙上沒寫的新聞呢？
就算小事也行，只要寫上城鎮裡發生的事或居民的傳聞，
應該就會有人想看吧？
愛迪生將他買到的小印刷機和老舊鉛字搬進列車中，
好！完成了!!
發行了週刊《先驅報》。

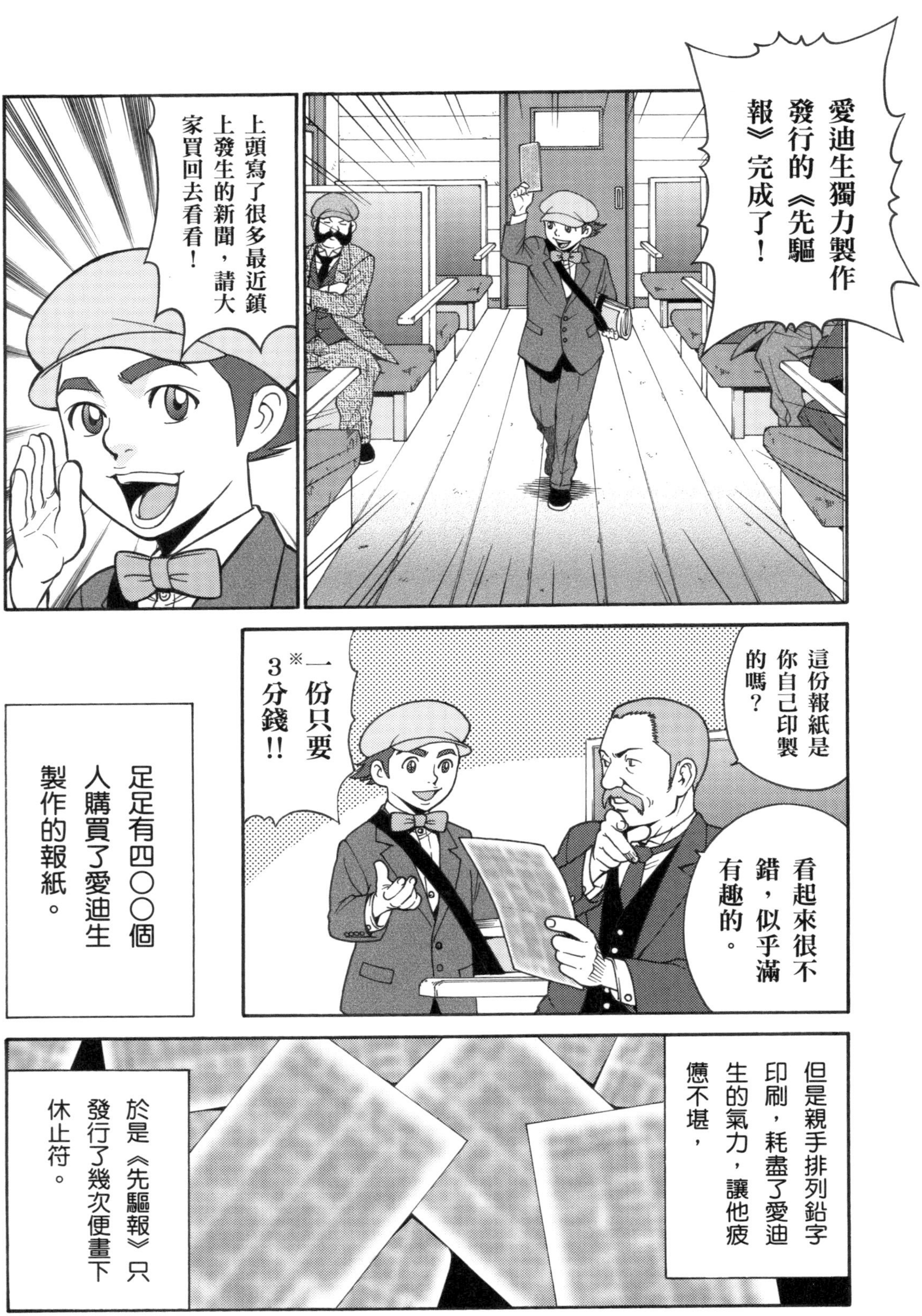
愛迪生獨力製作發行的《先驅報》完成了！
上頭寫了很多最近鎮上發生的新聞，請大家買回去看看！
這份報紙是你自己印製的嗎？
※一份只要3分錢!!
看起來很不錯，似乎滿有趣的。
足足有四〇〇個人購買了愛迪生製作的報紙。
但是親手排列鉛字印刷，耗盡了愛迪生的氣力，讓他疲憊不堪，
於是《先驅報》只發行了幾次便畫下休止符。
※美國的貨幣單位。100分錢等於1美元。

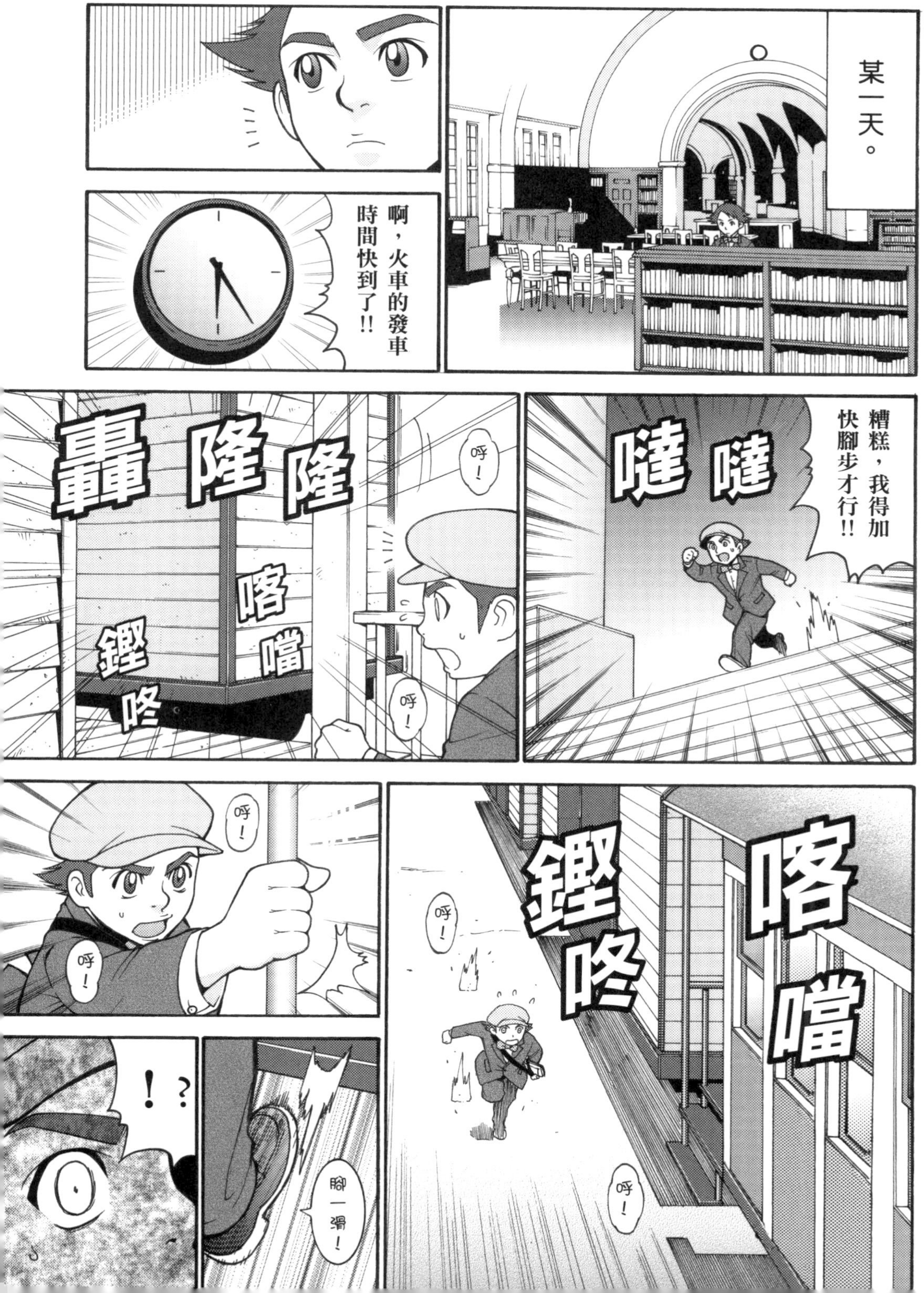
某一天。
啊，火車的發車時間快到了!!
糟糕，我得加快腳步才行!!
噠噠
轟隆隆
呼!
喀噹
鏗咚
呼!
喀噹
鏗咚
呼!
呼!
呼!
呼!
腳一滑!
!?

飄
浮
危險!!
噠
噠
抓住!
拎起!

倒
地
喀噹
鏗咚
實在太危險了！你差點就掉下火車，被火車輾過，
葬身在車輪底下了！
喀噹
鏗咚
謝謝你救了我。
耳鳴——
耳鳴——
剛剛我只能抓住你的耳朵，才救得了你。
你好不容易撿回一條小命，就算耳朵會痛，也要稍微忍耐一下。
但是耳朵的疼痛持續了好幾天。

阿爾。
阿爾。
阿爾！我叫你，你聽到了嗎？
咦，媽媽妳說什麼？
我叫你叫了好幾次，難道你都沒聽到嗎？
我站在你後面叫你，你似乎完全沒發現。
是嗎？
……

請再說一次您剛剛點的東西。
我覺得最近在火車裡，也常聽不清楚客人點的東西。
……
我沒問題的，媽媽妳不用擔心。
我只是耳朵變得有點重聽而已。
可是我還是會擔心。
我們去讓醫生檢查一下吧！
妳不用放在心上。
讀書的時候，聽不見附近吵雜的聲音，對我來說正好。
我可以更專心看書，這樣很好呀！
……

耳朵聽不見，不是一件好事。聽不見會讓你更容易遇上危險喔！
以後出門，你要更加小心才行！
我知道了。我會睜大眼睛看清楚的，所以妳不用擔心！
愛迪生雖然耳朵變得有些不方便，但仍然跟以往一樣，是個充滿好奇心的少年。

一八六二年，
※芒特克萊門斯車站。
當時愛迪生正看著載貨列車進行轉轍調度作業。
下次做什麼實驗好呢……
第3章 電報技師
鏗咚
鏗咚

※距離休倫港約35公里。

※圖中「バッ」日文狀聲詞音近「磅」，形容縱身跳躍的樣子。

翻滾
倒地
喀噹
鏗咚
呼！
吉米！
噠噠
吉米！
噠噠
吉米——!!
緊抱
幸好你平安無事！
……
呼！
太好了！

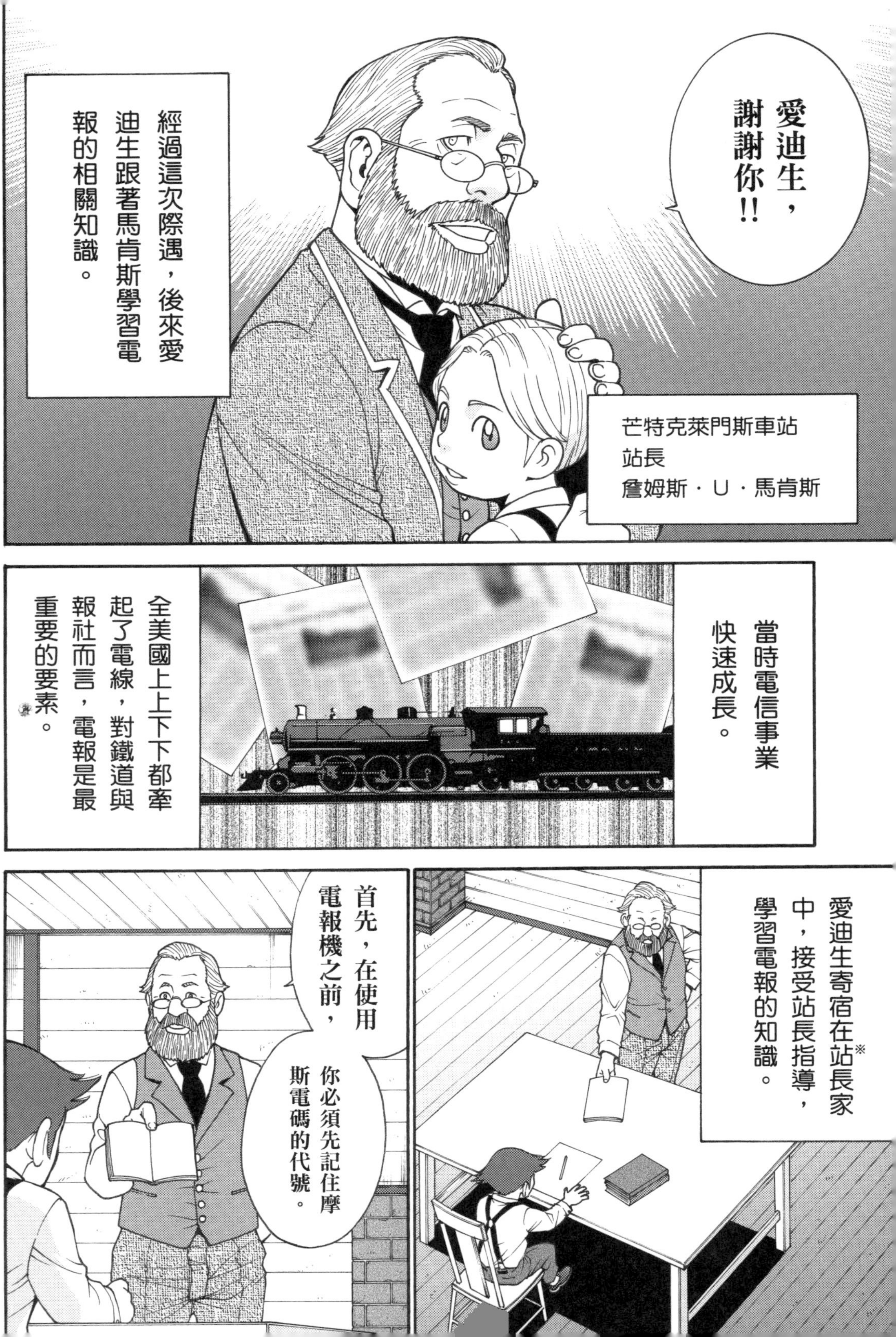
愛迪生，謝謝你!!
經過這次際遇，後來愛迪生跟著馬肯斯學習電報的相關知識。
芒特克萊門斯車站站長
詹姆斯・U・馬肯斯
當時電信事業快速成長。
全美國上上下下都牽起了電線，對鐵道與報社而言，電報是最重要的要素。
愛迪生寄宿在站長家※中，接受站長指導，學習電報的知識。
首先，在使用電報機之前，
你必須先記住摩斯電碼的代號。
※他住在馬肯斯家裡一起生活。

・（點）的聲音是「滴」。
－（劃）的聲音是「答」。
你背誦的時候，唸出「滴」和「答」的聲音，會比較好記。
「滴」和「答」是嗎……
摩斯電碼利用符號代替字母，在每個字元之間停頓一拍，便能組合出一個單字。
0是－－－－－。
1是・－－－－。
2是・・－－－。
3是・・・－－。
然後把單字和單字連接起來，便能寫成一段文章。
開始在芒特克萊門斯車站工作的愛迪生，白天只要一有時間，
便會從口袋裡拿出符號表，唸出聲音來反覆背誦。
愛迪生，你記東西記得很快呢！
我今晚來教你電報機的打法吧！

電報機由發報機和收報機兩個部分組成。
透過按鍵來接通電流或切斷電流。
電磁鐵感應到電流，發出「滴答」的聲響。
發報機
電線
收報機
輕按一次代表「滴」，長按代表「答」。
在紙帶上記錄下「滴答」聲代表的點或劃。
看著紙帶上的記錄來寫電報文，還算不上是獨當一面。
電報技師必須要能正確分辨「滴答」聲響，
迅速打出發報及收報的內容，是電報技師必備的技術。
你可要好好練習!!
發明電報機，讓人們可以長途通訊的人，名叫薩繆爾・摩斯（Samuel Morse）。正因為他發明了前所未有的電碼符號，才讓長途通訊得以實現。
愛迪生跟著站長學習電報的歷史，以及其他各種知識。
薩繆爾・摩斯

愛迪生也想自己製造電報機，於是嘗試進行電磁鐵實驗。
原來如此……
原來發報時的滴答聲，相當於切換電流的開關啊！
當電流傳到收報的電磁鐵之後，鐵片對電流產生反應，便會發出聲響。
愛迪生對電流的作用著迷不已。
我已經記住摩斯電碼和電報的構造了。
剩下的就是多多練習。
你進步不少呢！
愛迪生，你已經可以成為獨當一面的電報技師了。
是!!
愛迪生跟著站長學習了5個月的時間。

從一八六三年到一八六七年這段期間，年輕的愛迪生走遍各地，成為「浪跡天涯的電報技師」。
這段期間，愛迪生發揮他的創造力，製造出許多令人驚訝的裝置。
他在斯特拉特福車站工作時，
就算深夜不須發送或接收電報，
也要每小時向多倫多※發一次六點訊號。
為什麼？
這麼做是為了防止有人因為深夜沒有電報的工作，便離開自己的工作崗位或打瞌睡。
但是，對愛迪生而言，這種單調的工作相當無聊。
我好想睡。
誰叫我白天都在做實驗或看書。

※加拿大最大的都市。

對了!!
只要做出可以自動發送訊號的裝置就行啦！
愛迪生利用時鐘的構造製作出定時裝置，安裝在電報機按鍵上。
定時裝置代替人工，每隔一個小時便自動發送訊號。
他這樣的做法暫時沒有問題，
但某一天，其他人發現了裝置，使他被痛罵一頓。
他在其他地方，也曾因為公司表示「我們想找的是技師，不是實驗家」之故，而失去了工作。
哪裡都有電報的工作，我再找就好了!!

不知從什麼時候開始，愛迪生不再為火車站工作，開始在專門處理通訊的電信公司任職。
愛迪生那傢伙工作雖然做得很好，但是人很怪異。
幾乎人人都認同愛迪生的工作能力非常優秀。
就連同事聽不出來的電報聲響，愛迪生都可以正確無誤地將訊號轉換成文字。
電報室裡有好幾臺電報機，隨時接收從各地傳來的訊息，是一個不容易聽清楚聲音的工作環境。
答—滴滴
答—滴
但是，耳朵不好的愛迪生卻能專心傾聽自己的電報機聲響。

愛迪生把所有薪水都花在實驗和讀書之上。在別人眼中看來，他是個行事古怪的青年。
您辛苦了，我先走了。
喔！連以前發行的刊號都有。
我從很久以前就想看看裡面寫什麼了。
他買的是在美國相當知名的雜誌《北美展望》。
快點回公寓看雜誌吧！
噠噠噠
砰！
砰！

還不快點站住!!
咦!?
對不起！我沒聽到!!
我耳朵不好。
快點拿出你手上的東西！
什麼嘛！原來是書啊！
我看你大半夜的抱著東西在街上跑，還以為你是小偷哩。
如果你沒有停下腳步的話，我差點就向你開槍了。算你走運。
……

這一晚，愛迪生真的可以說是撿回了一條小命。
喀嚓
喀噠
興奮期待
這本《北美展望》中，除了探討經濟或文化之外，還提及世界上許多問題。
愛迪生的電報技術之所以獲得肯定與認同，也是因為他熟知天下事、知識淵博的關係。
豐富的知識，成了愛迪生的力量。

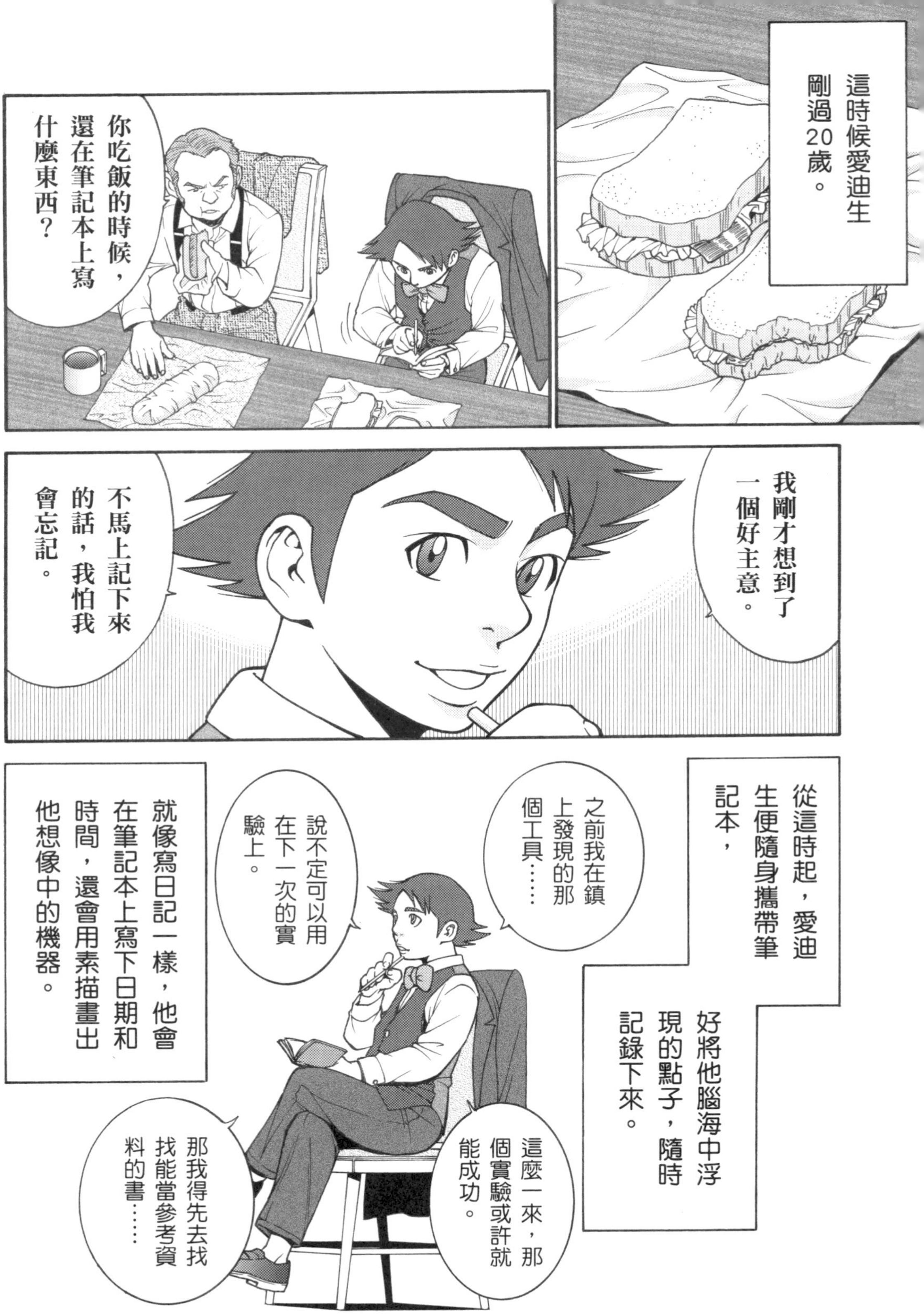
這時候愛迪生剛過20歲。
你吃飯的時候，還在筆記本上寫什麼東西？
我剛才想到了一個好主意。
不馬上記下來的話，我怕我會忘記。
從這時起，愛迪生便隨身攜帶筆記本，
好將他腦海中浮現的點子，隨時記錄下來。
之前我在鎮上發現的那個工具……
說不定可以用在下一次的實驗上。
就像寫日記一樣，他會在筆記本上寫下日期和時間，還會用素描畫出他想像中的機器。
這麼一來，那個實驗或許就能成功。
那我得先去找找能當參考資料的書……

他一生中寫下的筆記高達三千五百本，
為數眾多的發明，就是從這些筆記中產生出來的。
筆記裡還寫了許多僅止於創意，但無法成為發明的點子，數量多到數不清。
愛迪生過世後，現今仍然有許多人在仔細地研究這些貴重的筆記本。
一八六八年，波士頓。
Bookstor
這些書我全都要了！
放下！
他拿的書是《麥可・法拉第全集》
法拉第是科學家兼物理學家，他發現了馬達及發電機的原理，
被稱為「電學之父」。

法拉第和愛迪生一樣出生於貧窮人家，從未接受過正式教育。
他20歲之後成了學者的助手，開始鑽研自己的研究。
法拉第成了愛迪生的新偶像。
原來法拉第跟我一樣，都是熱愛實驗的人啊！
而且，我現在還能學習我最感興趣的電。
愛迪生最著迷、也研讀得最透澈的，是全集中一本叫《電力實驗室》的書。
法拉第是基於什麼想法進行實驗的、還有為什麼會失敗，
書裡面寫得一清二楚。

愛迪生只要一開始看書，就會入迷到連吃飯都忘記。
不用去上學也能學到很多知識。
我以後就像法拉第一樣，也來研究電的實驗吧！
法拉第發現了電磁的原理，並且基於原理發明了發電機。
只要我知道更多電的特性，一定就能發明出比發電機更了不起的物品！
Michael Faraday

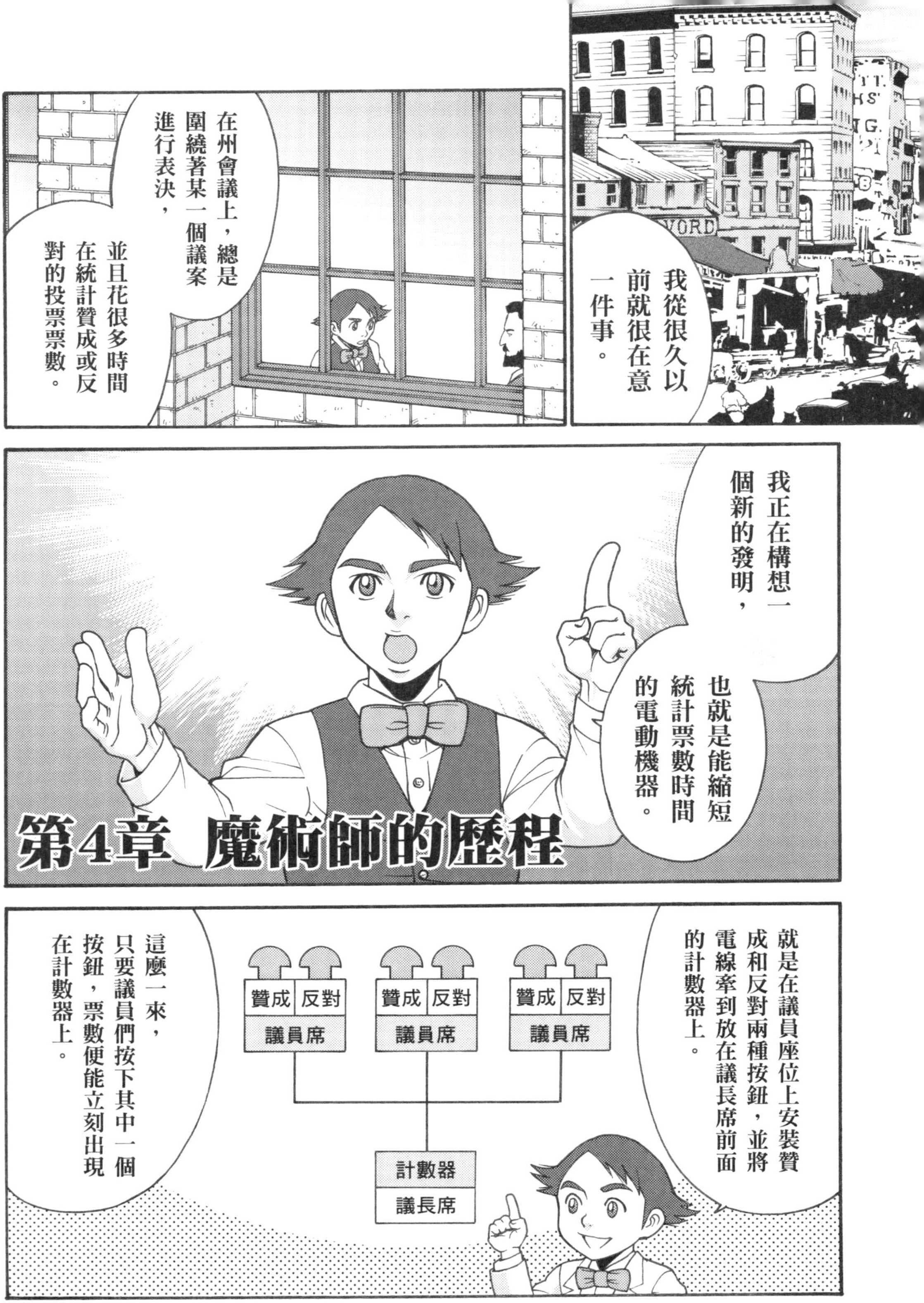
我從很久以前就很在意一件事。
在州會議上，總是圍繞著某一個議案進行表決，
並且花很多時間在統計贊成或反對的投票票數。
我正在構想一個新的發明，
也就是能縮短統計票數時間的電動機器。
第4章 魔術師的歷程
就是在議員座位上安裝贊成和反對兩種按鈕，並將電線牽到放在議長席前面的計數器上。
贊成 反對
議員席
贊成 反對
議員席
贊成 反對
議員席
計數器
議長席
這麼一來，只要議員們按下其中一個按鈕，票數便能立刻出現在計數器上。

這個構想太棒了!!
等你的發明完成，我們一定可以收到很多訂單吧！
你就用我的工廠吧！
我幫你找贊助人，幫你支付完成前所需的花費。
愛迪生為了投入「電子投票計數器」的發明，
辭去了電報技師的工作。
將按下的按鈕訊號集中到計數器上。
不知道能不能利用摩斯電信機的原理進行改造？

愛迪生向美國專利局提出了設計圖和文件。並於一八六九年六月一日，
正式取得「電子投票計數器」的專利※。這是愛迪生的第一個發明。
但是，他向麻薩諸塞州議長說明機器時，對方卻一口回絕了他。
他在華盛頓的聯邦議會上，也得到一樣的結果。
最重要的是花時間慎重考量，然後才做出贊成或反對的結論!!
就算能縮短時間又如何？我不想依賴機器！
……
推銷機器失敗，愛迪生花光了所有的資金。
他這才明白即使通過了專利申請，發明也不保證一定就能成功。

※保護發明人權利的制度。

我應該繼續留在波士頓嗎？
前往美國經濟中心——紐約，應該會比較好吧……
當時在經濟中心紐約市內，有許多買賣金銀或股票的公司，
各家公司都使用電報傳達股價（價錢）的漲跌變化。
一八六九年夏天
身無分文的愛迪生抵達紐約，
露宿街頭度過他在紐約的第一個夜晚。
之後他透過朋友，在電信服務公司謀得一份工作。

幾個月後，愛迪生自立門戶，自己創立了一家電信服務公司。
現在使用的機器常常故障，
你能不能幫我做一臺容易操作，又不會故障的機器？
愛迪生接下了這個委託。
我知道了，我試試看!!
不到一個月，他便發明出「證券報價機」。
太棒了！
你能不能把這機器賣給我？
咦？
老闆如此說道，並支付了4萬美元給愛迪生。
4萬美元真是一筆如做夢般的龐大金額！

把這筆錢用來建造研究發明的實驗室，以及製作機器的工廠吧！
握拳
愛迪生在鄰近紐約市的紐瓦克市，租下一座工廠。
工廠裡聚集了機械技士和技術高超的專業人士。
許多優秀的人們紛紛來到愛迪生身邊。
老爹究竟什麼時候才會休息？
愛迪生工作時，比任何一名部下都更投入。
部下看見他致力於工作的模樣，便開始以「老爹（Oldman）」來稱呼年僅23歲的愛迪生。

一八七一年，愛迪生接獲了一個令他悲慟不已的消息。
他的母親過世了。
媽媽……
母親過世後，愛迪生比以前更加投入工作。
但是，即使如此還是無法化解他心中的悲傷。
媽媽……

那年秋天，愛迪生遇見一名迷人的年輕女子，他對她心儀不已。
瑪麗·史迪威
面對女性一向害羞內向的愛迪生提起了勇氣。
瑪麗，妳覺得我怎麼樣？
咦？
不用急著給我答案。
不過如果妳想跟我結婚的話，那就另當別論了。
一八七一年的聖誕節，他們兩個人結婚了。

愛迪生在紐瓦克的6年之間，工廠增加到5座。
「自動電報收報裝置」
「四工電報※」
「自動電報記錄裝置」
並創造出這些重大的發明。
29歲的愛迪生早已成為眾所皆知的發明家。
同時經營研究室和工廠，就算有再多時間都不夠用。
關掉工廠，專心研究發明吧!!

※可以同時發送四封電報的機器。

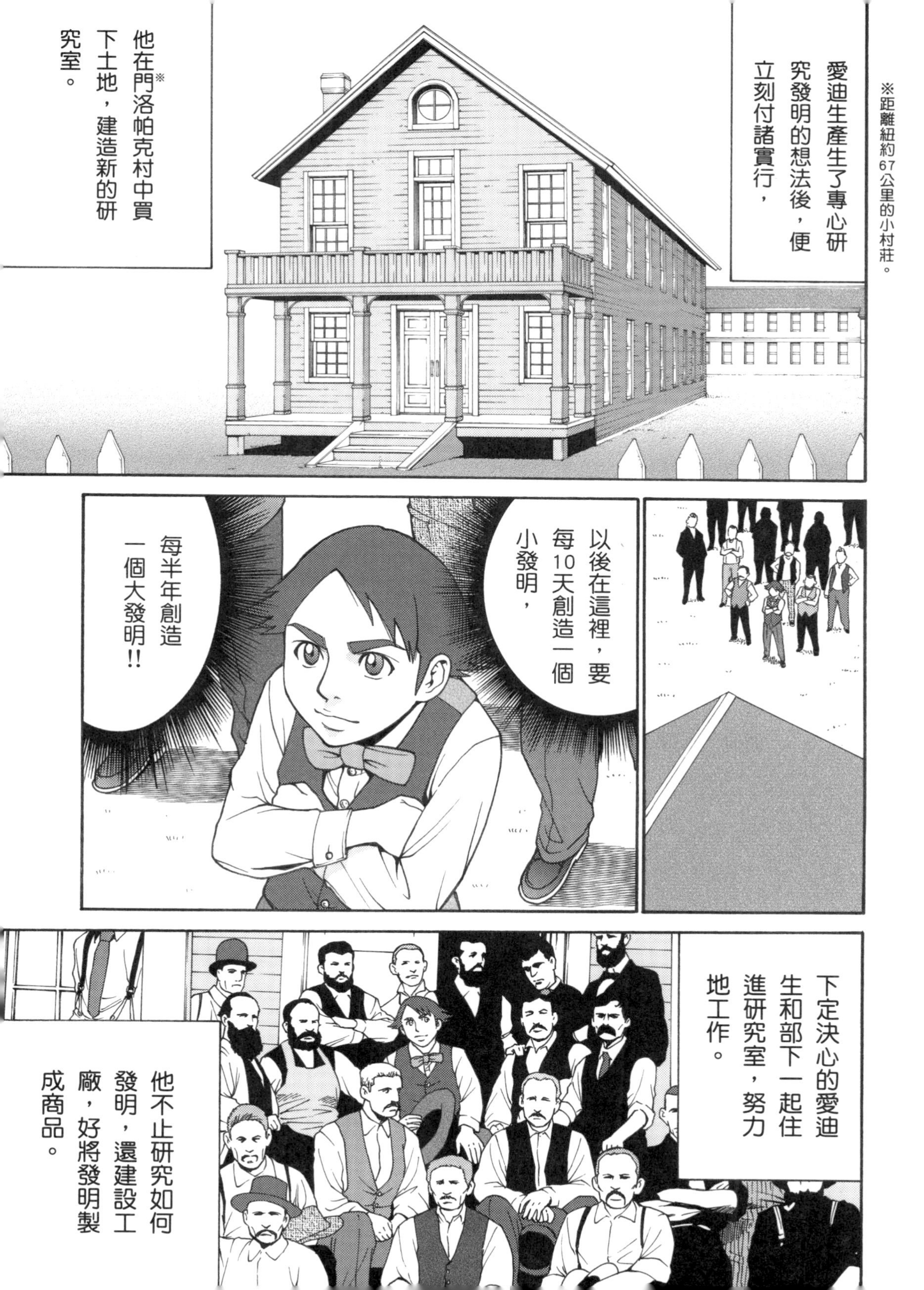
※距離紐約67公里的小村莊。
愛迪生產生了專心研究發明的想法後，便立刻付諸實行，
他在門洛帕克村※中買下土地，建造新的研究室。
以後在這裡，要每10天創造一個小發明，
每半年創造一個大發明!!
下定決心的愛迪生和部下一起住進研究室，努力地工作。
他不止研究如何發明，還建設工廠，好將發明製成商品。

他在床上睡覺的時間雖然很少，
老爹。
他正在睡覺喔！
但愛迪生有個特殊專長，就是即使時間只有一點點，他也能隨時隨地閉上眼睛熟睡。
就這樣，愛迪生在一年內獲得了高達40項專利。
他也達成了他的目標。
呼嚕—
呼嚕—
接下來，你想嘗試怎樣的發明？
我想看看，
用「會說話的電報機」取代從前以滴答聲傳達訊息的電報機好了……

但是，後來電話的發明，是由亞歷山大・格拉漢姆・貝爾（Alexander Graham Bell）先取得了專利。
貝爾因為這項發明，一下子變成眾所皆知的名人。
我試用過電話，但是就算對著話筒大聲說話，
只要距離一遠，對方就聽不到了。
好不容易才發明出來的東西，如果沒辦法讓大家使用，就沒意義了。
所以，能不能請你的研究室研究一下新電話呢？
好，我試試看!!
愛迪生非常懂得靈活應變，他總是能將發明改造成實用的物品。

好，把聽筒跟話筒接在一起試看看吧！
他做了很多不同的實驗，不斷思考讓聲音清楚傳到遠方的方法。
發明電話的人雖然是貝爾，但是加上愛迪生的發明之後，才讓電話普及至全世界。
然而……
畢竟是第一次使用電話，大家都有點不知所措。
一開始該用什麼話問候對方，好讓對方知道可以開始講話呢？
……
我想想……
「Hello（哈囉）」用「哈囉」，你覺得如何？

第一次將「哈囉」這句話用在電話上的人正是愛迪生。
現在則變成全世界日常問候時普遍使用的一句話。
愛迪生再度思考能否應用電話的原理，發明其他東西。
電話話筒是藉由聲音使振動板產生振動，以產生電流——
另一方面，聽筒則是透過電流讓振動板發生振動，以轉化成聲音。那麼，如果把針裝在振動板上，又會怎麼樣呢？
老爹……這是？

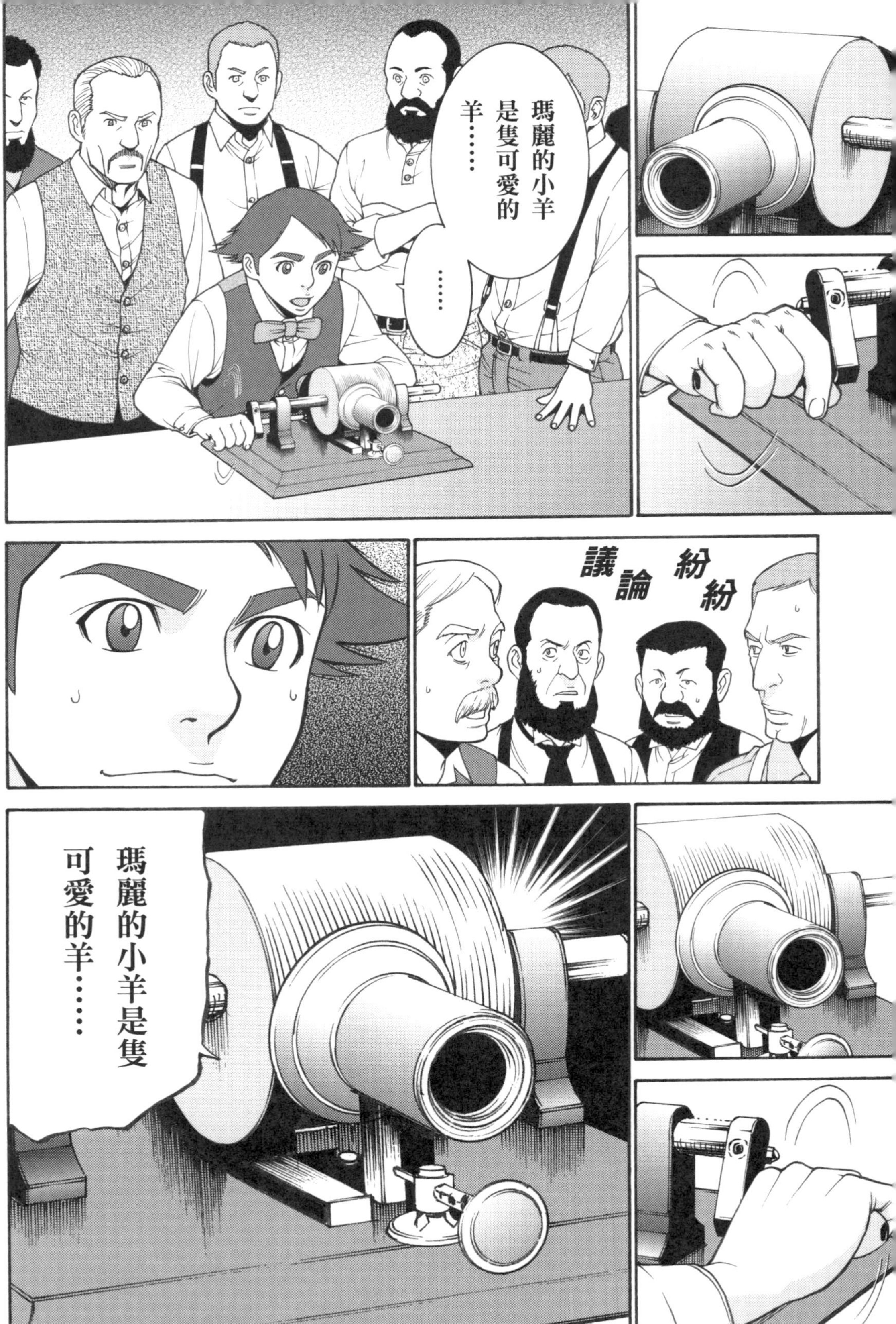
瑪麗的小羊是隻可愛的羊……
……
議論紛紛
瑪麗的小羊是隻可愛的羊……

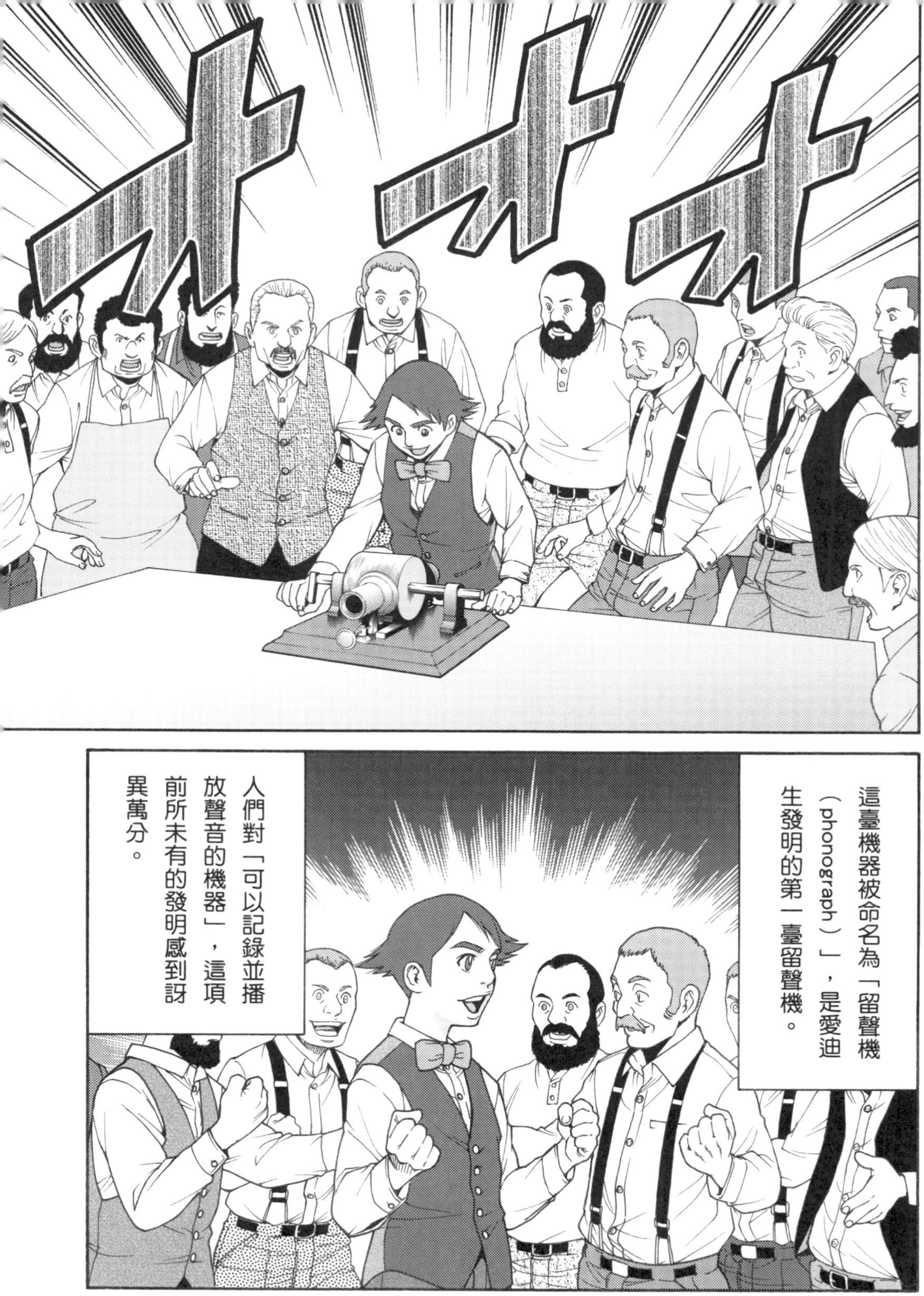
オオオ
這臺機器被命名為「留聲機（phonograph）」，是愛迪生發明的第一臺留聲機。
人們對「可以記錄並播放聲音的機器」，這項前所未有的發明感到訝異萬分。

※圖中「オ」日文狀聲詞音近「喔」，形容歡聲雷動的聲音。

只要有了這臺留聲機，就能留下人聲或音樂等各種「聲響」。
以後的人們就可以重複播放聲音來聽了!!
創造出電話機及留聲機的愛迪生，
年僅30歲便被譽為大發明家，人們開始以「門洛帕克的魔術師」稱呼他。

噠
噠
噠
請告訴我們，你現在正在研究的發明!!
你這次在思考什麼樣的發明呢？
愛迪生深知發表研究內容是多麼重要的一件事。
怎麼說呢……
因此在取得專利之前他會保密，但是等到時刻來臨，他就會利用報社記者，將研究公諸於世。
第5章 大發明
提到照亮黑夜的物品，各位會聯想到什麼？
沒錯，就是瓦斯燈、電弧燈和煤油燈。
我現在正在研究的是……

可以取代瓦斯燈的全新燈種——
電※燈！
其實，我已經完成實驗的第一階段了。
瓦斯燈的火即使熄滅了，瓦斯管仍會繼續漏出瓦斯，非常危險。
利用瓦斯管引來瓦斯並點火。
瓦斯燈
在兩根碳棒中通電以產生電弧，雖然燈光明亮但溫度過高，很危險。
電弧燈
電弧燈會閃爍，而且在房子裡使用電弧燈又太刺眼了。
但是，愛迪生先生！現在全世界的發明家都在研究「電燈」，不是嗎！？
有傳聞說，英國一個名叫史旺的專家研究出新技術，很快就能實際製造出電燈了。

※電燈是使用電源的照明器具，讓電流通過燈泡使燈泡發光的裝置。

我會在6週之內做出電燈！
然後在紐約市中心建造發電廠並鋪設電線，用電燈照亮所有地方，我將打造出一個明亮的社會！
但是，那畢竟只是理論，並未實際完成。
沙
那種事，真的有可能發生嗎？
如果實現了，以後將不再有黑暗！
滋滋滋
滋滋

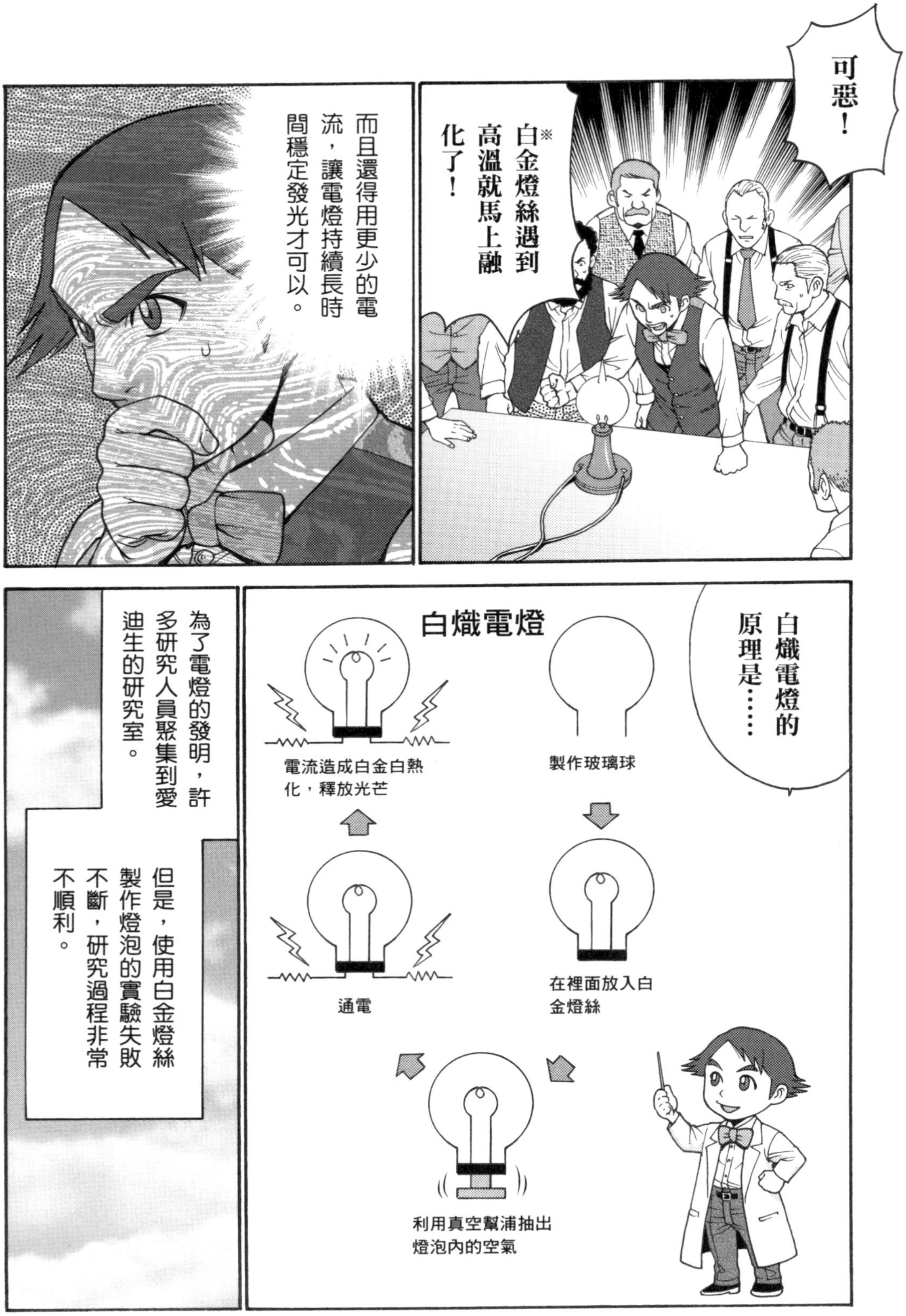
可惡！
白※金燈絲遇到高溫就馬上融化了！
而且還得用更少的電流，讓電燈持續長時間穩定發光才可以。
白熾電燈的原理是……
白熾電燈
製作玻璃球
在裡面放入白金燈絲
利用真空幫浦抽出燈泡內的空氣
通電
電流造成白金白熱化，釋放光芒
為了電燈的發明，許多研究人員聚集到愛迪生的研究室。
但是，使用白金燈絲製作燈泡的實驗失敗不斷，研究過程非常不順利。

※比銀更堅硬、被稱為鉑的金屬。

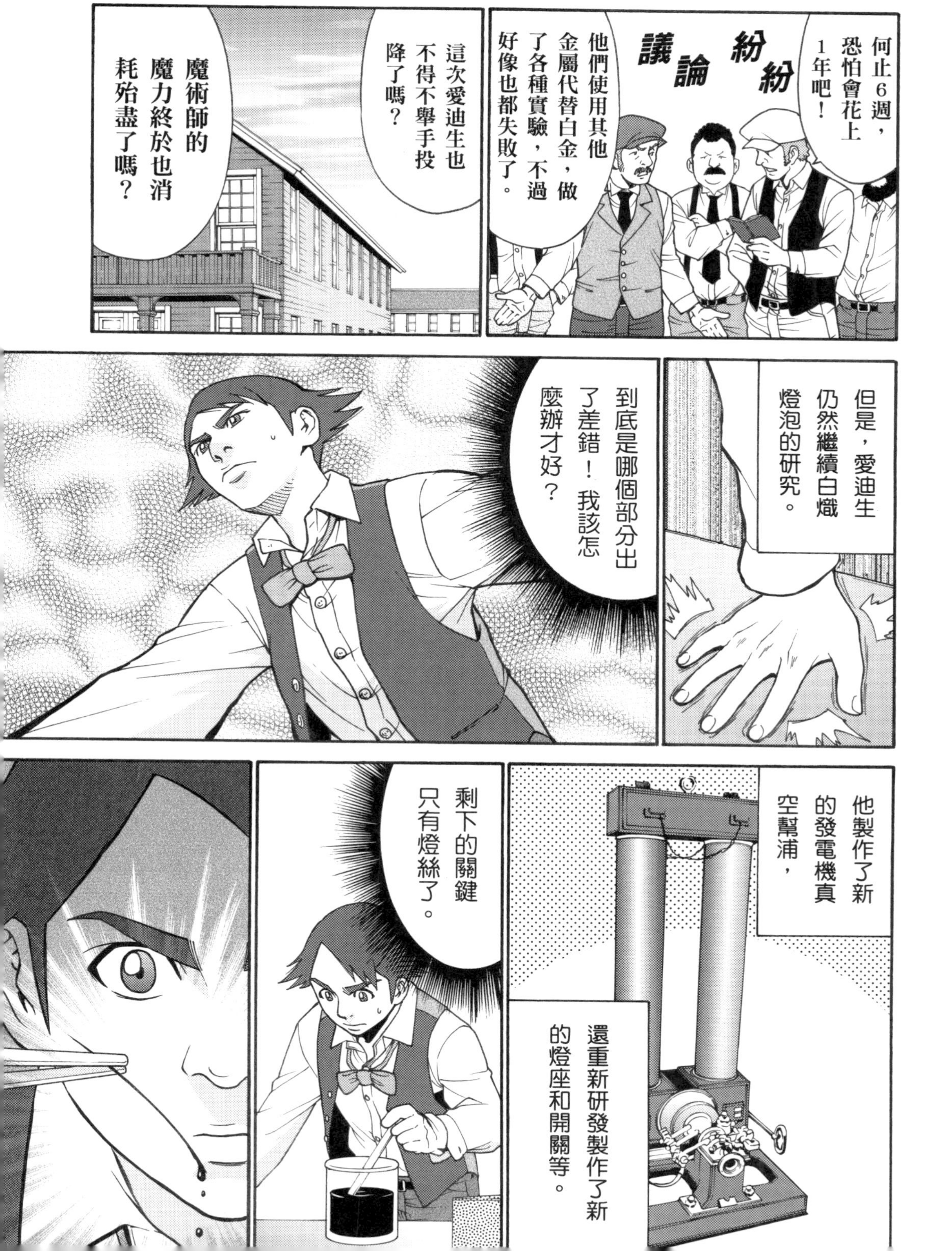
何止6週，恐怕會花上1年吧！
議論紛紛
他們使用其他金屬代替白金，做了各種實驗，不過好像也都失敗了。
這次愛迪生也不得不舉手投降了嗎？
魔術師的魔力終於也消耗殆盡了嗎？
但是，愛迪生仍然繼續白熾燈泡的研究。
到底是哪個部分出了差錯！我該怎麼辦才好？
他製作了新的發電機真空幫浦，
還重新研發製作了新的燈座和開關等。
剩下的關鍵只有燈絲了。

是碳！
燒了這根細繩來製造碳試看看!!
愛迪生找來很多東西焚燒，進行實驗，
經過幾千次反覆實驗的結果，終於找到最適合的材料「棉線」。
研究室的人們花了許多日子不斷進行實驗。
最後在一八七九年十月三十一日這天——
成功了！燈泡持續亮了40個小時！
是目前為止的最長紀錄！
ワァア
我們這次要製造出可以持續亮燈超過40小時的燈泡!!
好！

※圖中「ワァア」日文狀聲詞音近「哇啊啊」，形容歡聲雷動的聲音。

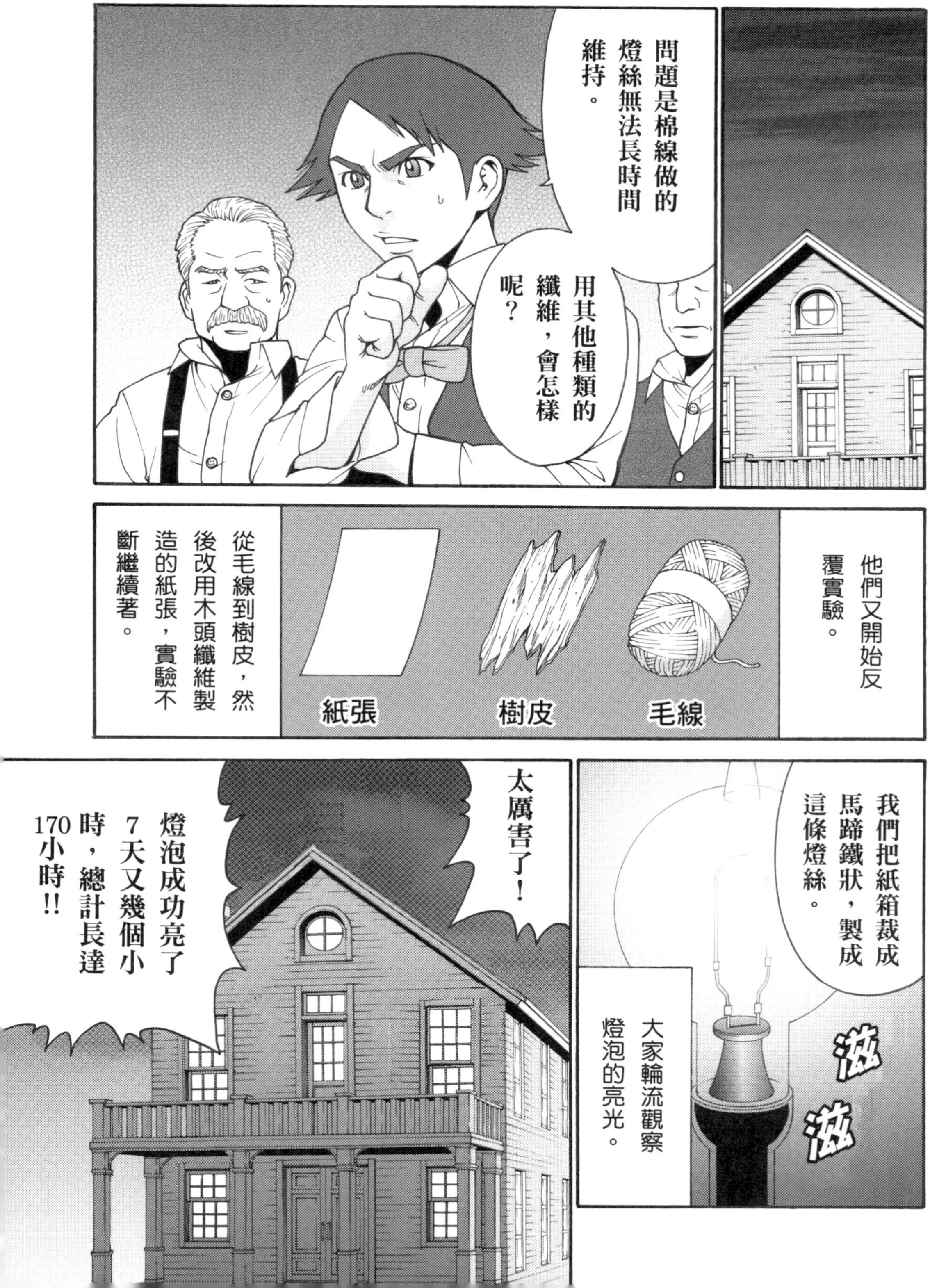

問題是棉線做的燈絲無法長時間維持。
用其他種類的纖維，會怎樣呢？
他們又開始反覆實驗。
毛線
樹皮
紙張
從毛線到樹皮，然後改用木頭纖維製造的紙張，實驗不斷繼續著。
我們把紙箱裁成馬蹄鐵狀，製成這條燈絲。
滋
滋
大家輪流觀察燈泡的亮光。
太厲害了！
燈泡成功亮了7天又幾個小時，總計長達170小時!!

如果要讓家家戶戶都能使用燈泡，一顆燈泡至少要能夠亮一千個小時才行!!
燈泡還不能算完成，還有很長的路要走!!
魔術師的新發明是……
燈泡！
你什麼時候才要公開燈泡？
大家都已經等不及，想看可以取代煤油燈跟瓦斯燈的光芒了。
除夕當晚，請大家來門洛帕克，我會讓各位大開眼界的！

研究室全體人員出動，花了好幾天進行前置作業。
燈泡OK了！
到除夕夜這天，在冬季嚴寒的天氣中，
門洛帕克竟來了三千名民眾到場參觀。
ザワ
ザワ
議論
紛紛
滋
滋滋
！
喔喔！

※圖中「ザワザワ」日文狀聲詞音近「渣嗡」，形容吵鬧騷動的聲音。

※圖中『オ』日文狀聲詞音近『喔』，形容歡聲雷動的聲音。

彷彿可以驅散黑夜般的光芒！
オォ
人們忘了寒冷的天氣，專心地傾聽愛迪生的演說，一同迎接新年的到來。

那之後，為了實行在街上點燈的計畫，愛迪生搬去紐約居住。
他為了找出品質更好的燈泡燈絲，
派遣技師到世界各地尋找最合適的材料。
他中意的材料是竹子纖維。
他從全世界收集高達一二〇〇種竹子進行實驗。
結果從日本京都八幡採回來的竹子效果最好!!
尤其是秋冬採收、樹齡十年的竹子，更是無話可說！
就這樣，到了一八八二年年底，
三千顆燈泡照亮了珍珠街。
不單只有這裡，我希望其他地方也能裝上電燈！

一八八三年，街道上點亮了一萬顆燈泡。
接著，全世界逐漸亮起燈泡發出的光芒。
真希望有更多人能知道燈泡散發出來的光芒。
愛迪生創立了好幾家電力公司及電燈公司。
好!!
我來開設一家電燈公司吧！

接下來，得增設製造商品的工廠。
他也建設了一間又一間製造商品的工廠。
照亮紐約夜晚的愛迪生，也展露出企業家的經營能力。
但是正當愛迪生在工作上獲得這輩子最大的成功時，卻遭遇了悲劇。
MARY STILWELL
WIFE OF
THOMAS A. EDISON
DIED AUGUST 9TH. 1884
AGED 29 YEARS
一八八四年八月九日——他深愛的妻子瑪麗過世了。
門洛帕克的研究室，有太多關於她的回憶，我決定關了研究室。
他就這樣離開知名的研究室而去。

一八八五年
有家庭在背後支撐，工作起來也會更有動力吧！
我為你介紹，
這位是米娜·米勒小姐。
一八八六年二月二十四日，愛迪生與米娜結婚。
兩人在紐澤西州的西奧蘭治買下一座豪宅。

一八八七年，愛迪生在新居附近建造了一間規模浩大的研究室。
砰！
果然唯有研究和實驗，才是我生活的價值！
他在西奧蘭治研究室裡，增設了一間藏書超過一萬冊的圖書室。
之後的四十年，愛迪生都在這裡完成他的發明。

其中一項正是活動寫真（電影）的研究。
愛迪生從一八八九年後半年起，開始著手開發名為「活動電影攝影機（Kinetograph）」的電影用攝影機。
為了播放電影，他還另外發明了一個名叫「活動電影放映機（Kinetoscope）」的裝置。
一八九三年，愛迪生建設了世界第一座電影片廠，暱稱為「黑色瑪麗亞」。

另一方面，他的礦山開發事業徹底失敗，被人稱為「愛迪生的愚蠢行為」。
這下子愛迪生也沒戲唱了。
但是愛迪生並未因此認輸。
我來試著開發讓大家都能享受音樂的留聲機吧！
從一八九〇年代中期起至二〇世紀初，留聲機和電影廣為流行，
為愛迪生帶來可觀的財富。

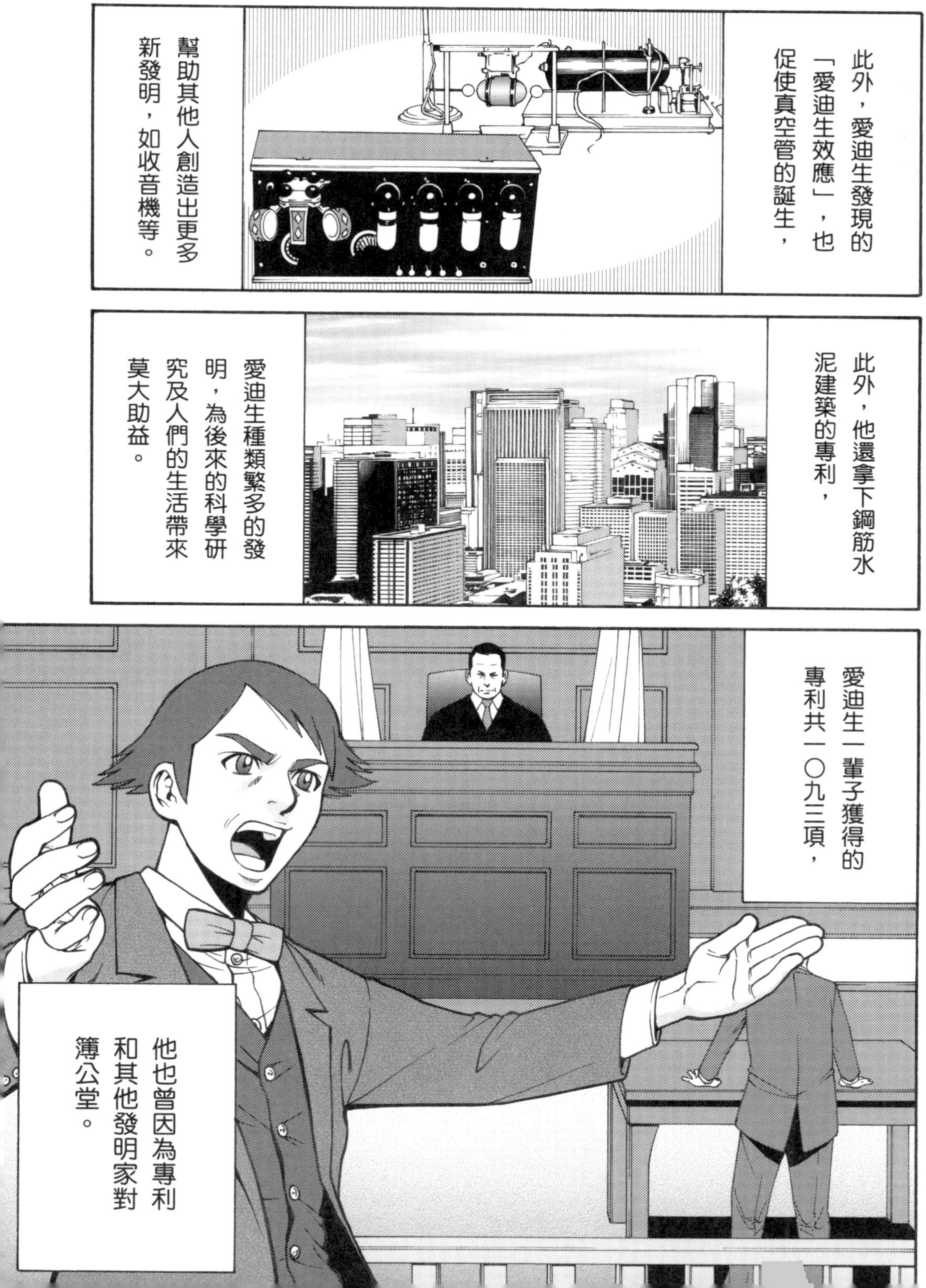
此外，愛迪生發現的「愛迪生效應」，也促使真空管的誕生，
幫助其他人創造出更多新發明，如收音機等。
此外，他還拿下鋼筋水泥建築的專利，
愛迪生種類繁多的發明，為後來的科學研究及人們的生活帶來莫大助益。
愛迪生一輩子獲得的專利共一〇九三項，
他也曾因為專利和其他發明家對簿公堂。

一九一五年，報紙大肆報導「愛迪生與特斯拉可能共同獲頒諾貝爾物理獎」。
尼古拉．特斯拉曾經是愛迪生的部下，但是他們在發明的結構上出現意見對立，於是特斯拉離開愛迪生自立門戶。
他正是後來被譽為發電天才的人物。
但是，這一年的獲獎人既非愛迪生也非特斯拉。
ALFR·
NOBEL
其中一種說法是：因為特斯拉厭惡愛迪生，拒絕接受獎項，因此才會頒發給其他人。
人們稱之為「夢幻諾貝爾獎」。

從孩提時期開始，從未間斷工作的愛迪生，
直到66歲之後才開始外出享受旅行。
他駕駛汽車四處露營旅行，度過一段悠閒自得的時光。
我小時候從來沒有時間可以享受旅行遊玩的樂趣。
現在這樣，彷彿回到了年少時期一樣。

和他一起享受旅程的有博物學家約翰・巴勒斯（John Burroughs），以及以橡膠輪胎聞名的哈維・泛世通（Harvey Firestone）。
美國總統也曾經參與過他們的旅行。
而愛迪生一生的摯友，
則是汽車大王亨利・福特。
福特曾在「愛迪生照明公司」工作，這個經歷也為他們結下不解之緣。
一九二二年，愛迪生75歲時，
他在美國報紙《紐約時報》刊登的「誰是現在世上最偉大的美國人？」投票問題中，獲得讀者票選為第1名。
The New York Times

美國將愛迪生完成白熾燈泡的十月二十一日，訂為「愛迪生日」。
他也獲得全世界的人稱讚，被譽為是「最偉大的美國人」。
一九二九年十月，為了讚揚愛迪生的貢獻，
亨利．福特替「慶祝電燈問世50週年紀念」舉辦了盛大的慶典。
會場位於密西根州的迪爾伯恩，這裡有許多曾見證過美國歷史的古老建築，
整座城鎮就像是一座博物館。
眾人也在迪爾伯恩，重新打造出令人懷念的門洛帕克研究室。

慶典上邀請了世界各國人士前來共襄盛舉。
82歲的愛迪生雖然身體虛弱，但仍然非常樂在其中。
我打算繼續研究下去。

就算我的生命到了盡頭，我也會在另一個世界繼續研究。

一九三一年，84歲的愛迪生因為生病，大多數的時間都臥病在床。
亨利……
我一輩子都在發明這份工作上傾注了全力。
也認識了許多科學家和專家，我們合作打造出來的成果，
如果能對世界上的人們生活有所幫助，
讓大家過得更幸福一點，
我就感到滿足了。

湯瑪斯。
亨利，謝謝你！
那次跟你一起去旅行，我玩得很開心。
我真的是個很幸福的人。但是現在想想，我這輩子最幸福的時光，
或許是跟媽媽一起，著迷地反覆進行實驗的那段時光也說不定。
之後沒多久，十月十八日——
黎明前的凌晨三點左右，愛迪生與世長辭。

全世界都為愛迪生的過世悲慟不已。
愛迪生留下了一句名言：「天才是一分的天分，加上九十九分的努力」。
他的一生就如同這句話般，努力貫徹發明家的信念，而他發明出來的物品，現在仍然照耀著整個世界。

Thomas Edison

增長見聞的學習教室

- 進一步認識愛迪生
- 愛迪生生活的時代
- 參考文獻

進一步認識 愛迪生

基礎知識解說

愛迪生設立的公司

愛迪生發明出許多東西，同時為了集資以供研究及販賣發明品，他開設了好幾家公司。在此介紹其中最具代表性的四家公司。

通用電訊公司（General Telegraphic Agency）

一八六九年，愛迪生於紐約設立的第一家公司。愛迪生在波士頓時發明的電子投票計數器滯銷，他遷居紐約後，開始在朋友波普的公司工作；但不久後該公司便被黃金與股票公司（Gold & Stock Co.）收購。愛迪生便和友人波普，合力創設了「通用電訊公司」做為自己的研究室。

愛迪生和波普改良顯示股價的電子報價機，將證券報價機命名為「Ticker」並取得專利；其後靠著販賣專利獲得一筆可觀的財富。愛迪生用這筆錢，在紐瓦克設立了新的工作室「美國電信公司」。在製造生產報價機「Ticker」的同時，著手改良自動電報系統。愛迪生在紐瓦克的工作室中，研究出可以同時發送兩封電報的機器，甚至是可以同時發送四封電報的機器，以及其他偉大發明，使電信技術有了長足的進步。

國際留聲機公司（National Phonograph Company）

愛迪生在門洛帕克發明了圓筒型留聲機。他為了製造留聲機，設立了「留聲機公司」。後來，因發明電話而廣為人知的貝爾，使用蠟筒代替圓管，製造出改良型留聲機「格拉福風留聲機（Gramophone）」，並向愛迪生提出，一起創立新型留聲機製造公司的構想。但愛迪生拒絕了貝爾的邀請，並著手改良自己的留聲機。之後設立了製造兼販賣留聲機的「國際留

發明白熾燈泡時的愛迪生。

留聲機公司

愛迪生將他第一部發明的留聲機命名為「留聲機（Phonograph）」，後來便直接沿用這個名字做為公司名稱。

聲機公司」。

另一方面，貝爾設立的公司後來變成Victor和哥倫比亞（Columbia）兩家公司，從原有的圓筒型留聲機改為製造圓盤型唱片留聲機。愛迪生堅持製造圓筒型留聲機，但由於唱片式留聲機的錄音時間更長且方便保存，導致圓筒型留聲機銷售不佳；愛迪生終於在一九二九年停止製造與販賣留聲機。

愛迪生電燈公司

當世間認為電子投票計數器是不必要的產物，導致計數器滯銷時，愛迪生發誓「以後只研發大家覺得有必要的發明品」。這個想法後來開花結果，這顆豐碩的果實正是白熾燈泡——使用燈絲、方便使用，且經濟實惠的光芒，正是白熾燈泡的特點。他為了讓世界上所有人都能夠使用燈泡而設立的公司，正是「愛迪生電燈公司」。

之後，愛迪生於一八八二年在倫敦及紐約設立了發電廠。接著又設立公司鋪設電線好將電源輸送到各處，以及安裝燈泡的燈座工廠、電燈開關工廠、測量使用電力的電表工廠等。甚至設立電燈公司製造方便民眾在店家、公共設施、民宅等建築物中也能使用的電燈。他自行製造並販賣大家使用燈泡照明時所需的所有材料。

愛迪生通用電氣（Edison General Electric）

由於白熾燈泡的成功，愛迪生在電力產業擁有一片天，但在一八八〇年代中期，出現了一個強而有力的競爭對手——西屋公司（Westinghouse）。西屋公司製造出使用交流電、並能以低廉價格簡單地將電力輸送到遠方的系統。

為了對抗西屋公司，愛迪生於一八八二年統合燈泡工廠及電力照明公司等旗下經營的七間公司，改為「愛迪生通用電氣」。

現在公司名稱已經不見愛迪生的名字了，但仍屬於世界最大規模的企業，除了電力產業之外，還製造家電產品、飛機引擎及火車車廂等產品，以愛迪生的發明及公司為基礎，經營觸手橫跨各種不同領域的產業。

通用電氣

一八九二年，愛迪生通用電氣與湯姆森豪斯頓電器兩家公司合併，創立了通用電氣公司（即GE，又名奇異公司）。合併為GE後，公司的事業重心暫時還是白熾電燈。

基礎知識
解說

愛迪生與日本人

使用竹子當作燈泡燈絲素材而廣為人知的愛迪生，八十四年的人生中一次也不曾到過日本。但是，據說他對日本的風俗習慣及文化很有興趣，也非常喜歡閱讀有關「武士道」的書籍。

此外，愛迪生從不吝惜傳授知識和技術給來到自己身邊的研究者。因此，也有為數不少的日本人曾跟著愛迪生學習。接下來便為大家介紹曾向愛迪生討教的日本人。

唯一的日本人助手　岡部芳郎

一九〇四年，岡部芳郎以航海士身分進行遠洋航海的途中，因為身體不適便在紐約下船登陸。當時尚無往來日本與美國之間的船隻，他便從此

岡部在自己製作的電影《カチューシャの唄（卡秋莎之歌）》中，使用留聲機配合影像播放唱片。

留在美國生活。後來的六年，岡部在愛迪生研究室中擔任助手的工作，致力研究使留聲機播放聲音變大的方法，並加以改良；除此之外，他還研究使用電池作為動力推動汽車的方法。愛迪生非常中意這名工作認真且值得信賴的部下，甚至寫下了一段文章──「我自己的小孩時常擅自從我身邊拿走財物，但這名日本的青年，卻一次也不曾對放在桌上的金錢出手」來形容岡部。岡部於一九一四年回到日本，並擔任專任技師操作愛迪生製造的活動電影放映機，也參與電影製作等。

岡部曾任愛迪生的徒弟，但是直到一九三一年舉行的愛迪生追悼會上獲得介紹為止，這件事一直鮮為人知。長期在愛迪生身旁工作的日本人只有岡部，但早在他擔任助手的十多前年，就已經有兩名日本人為了學習電力系統而造訪愛迪生。

東芝的創辦人　藤岡市助

藤岡市助曾學習電力、電信技術，在白熾燈泡問世前，便製造出發電機以供應電弧燈電力，他於一八八四年遠赴美國費城觀摩萬國電力博覽

聽到愛迪生建議「無論電力再怎麼充沛，只懂得引進電器的國家必然會毀滅。首先從製造電器著手，將日本改造為自給自足的國家！」後，藤岡歷經千辛萬苦，終於成功讓日本也能自行製造燈泡。除了燈泡之外，藤岡也製造出日本第一輛電車和電梯。

會。其後順道造訪紐約，獲得愛迪生的激勵與讚賞。

藤岡回到日本後成為「東京電燈（現在的東京電力）」技師長。並於一八九〇年設立「白熱舍」，開始在日本製造燈泡。

「白熱舍」二度改名，第一次改為「東京電氣株式會社」。一九三九年與「芝浦製作所」合併，改名為「東京芝浦電氣（現在的株式會社※東芝）」。

NEC創辦人　岩垂邦彥

曾任電信技師的岩垂，拜託在橫濱販賣愛迪生式留聲機的「弗雷澤商會（Sale and Fraser Co.）」書寫介紹函，並於一八八六年前往紐約。愛迪生對他認真學習電力技術的態度讚譽有加。但是，岩垂設立「大阪電燈（現在的關西電力）」時，卻沒有採用愛迪生的系統，而選擇使用交流電力的發電機。

註：「株式會社」是日文原文用法，中文應為「股份公司」。

岩垂回國後擔任「大阪電燈」的技師長，後來離職成為「通用電氣公司」及「西屋電氣公司」的營業代理，開始行銷電話機器。一八九八年在「西屋電氣公司」的協助下，設立新公司。一八九九年另行創辦新公司，名為「日本電氣株式會社（NEC）」。

基礎知識
解說

愛迪生發明的物品

留聲機

留聲機正是利用「聲音＝空氣振動」的原理，再次將空氣振動轉化為聲音播放的機器。留聲機是在名為圓筒的物體上，劃出凹凸不平的溝槽，藉此記錄下空氣的震動。播放時在溝槽上放置唱針，使唱針沿著構造移動以發出聲音。

愛迪生一開始研發出來的留聲機，使用金屬（錫）製圓筒，第一次播放的聲音，是愛迪生本人哼唱的童謠〈瑪麗的小羊〉。後來，圓筒改為蠟製，也變得能夠記錄下更清楚且更長的聲音。另外，為了讓播放的聲音變大，愛迪生在留聲機上安裝喇叭型的圓筒，並更換唱針材料，反覆進行實驗改良播放的聲音。由於愛迪生耳朵聽不太清楚，因此比別人加倍在乎聲音的品質。

明治二十三年（一八九〇年），愛迪生透過美國大使獻給明治天皇的蠟管留聲機。（日本國立科學博物館）

一八八九年，愛迪生贈與日本遞信※大臣・後藤象二郎圓筒型留聲機，並在大臣官邸內進行公開試驗。

之後，圓盤狀唱片與插電型留聲機逐一問世，一九五〇年代起留聲機開始可以記錄立體聲。

※遞信省屬於日本內閣行政部門，於一九四九年廢止。

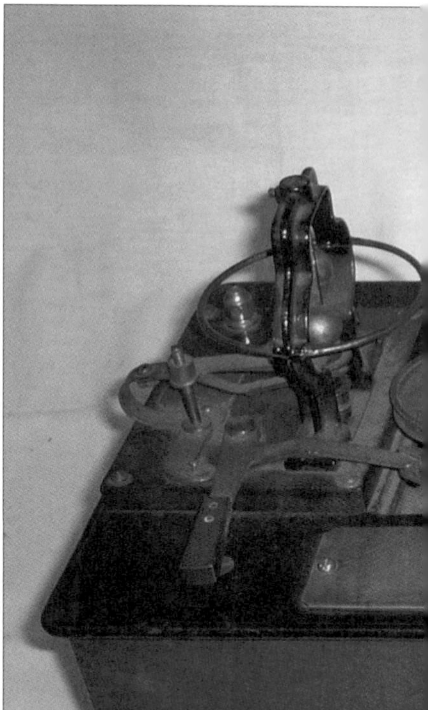

白熾電燈

白熾電燈可說是愛迪生的發明中最具代表性的物品，但是發明完成的當時，街上已經有使用電力的照明器具「電弧燈」了。只不過電弧燈發出的亮光非常刺眼，也經常閃爍不定，因此無法在家使用。

白熾電燈的構造是在玻璃管中放入金屬，通電讓燈泡釋放出亮光。除了愛迪生之外，當時還有其他人也在研究電燈，但只有愛迪生的電燈能夠滿足長時間發亮這個條件。

愛迪生之所以能夠成功，要歸功於他在電燈最重要部分、也就是燈泡，下了很大的功夫，他讓燈泡內部變成真空狀態。燈泡一旦發光，發光的部分（燈絲）就會開始燃燒。因

愛迪生剛發明出白熾燈泡時的燈泡。愛迪生於一八七九年十月，第一次在門洛帕克成功點亮白熾燈泡。（複製品：日本國立科學博物館館藏）

此，必須抽光所有的空氣。愛迪生使用強力的幫浦讓燈泡內部變成真空狀態。

安裝很多燈泡，需要大量的電；愛迪生也因此發明了強而有力的發電機。

另外，選用什麼材質做為燈絲材料也是一個問題。光是植物他就找了大約六千種，他從這些植物中找到最合適的材料，正是日本的竹子。

之後，人們改用金屬「鎢」當作燈絲的材料，電燈因此照亮了人們的生活。最近又開發了原理與傳統燈泡截然不同的ＬＥＤ燈泡，並廣為大家所利用。

愛迪生的碳絲白熾燈泡，使用日本京都的竹子。亮度十六燭光。初期使用音譯，也被稱為殷煥電燈（Incandescent Lamp）。（日本國立科學博物館館藏）

電力機車

一八七九年舉辦的柏林勸業博覽會場上，德國西門子（Siemens）公司發表了電力機車。雖然是只能行走三〇〇公尺左右的小型電力機車，但卻大獲好評，於是西門子開始著手生產電力機車的事業。

愛迪生聽聞西門子的成功，也開始開發電力機車。他使用發電機的技術，在一八八〇年製造出能夠載運更多人的電力機車。發電機和推動電力機車的馬達，兩者構造是相同的，差別只在於發電機是將動力轉換成電力，而馬達是將電力轉換成動力，所以愛迪生才能成功使用既有的技術發明新產品。愛迪生自由不受拘束的創意，帶領他創造出更多不同的發明，也改良了過去的不方便。

蓄電池（俗稱電瓶或可充電電池）

德國戴姆勒與賓士公司，實際將汽油引擎應用在汽車上，街上的車輛

德國的電動機器製造商。一八四七年由電力專家維爾納．馮．西門子等人於柏林創立，在柏林勸業博覽會上，成功完成世界第一次電氣化鐵路的實驗。

大量增加，就在此時，愛迪生開始著手開發利用電力行走的電動汽車。電動汽車本身的研發並沒有問題，問題出在儲存推動車輛的電力，也就是蓄電池身上。

當時的蓄電池既沉重又危險。此外，必須長時間充電才能儲積電力。愛迪生加以改良，完成了新的蓄電池。但是，汽油引擎變成汽車引擎的主流，電動汽車無法普及。

後來新型蓄電池則被一起開發電動汽車的亨利．福特，用在自家公司汽車上。現在電動汽車受到各方矚目，不禁讓我們對愛迪生嶄新的創意感到驚訝。

左起：亨利．福特、湯瑪斯．愛迪生、哈維．泛世通。

基礎知識 年表

愛迪生 生活的時代

查詢年表的方法
年齡以當年的足歲表示。

西曆	年齡	愛迪生的生平	世界和日本發生的大事
1847年		二月十一日，出生於美國俄亥俄州米蘭。父親山繆爾，母親南西。	
1853年	6歲	引發火災，受到父親懲罰。	培理抵達日本。
1854年	7歲	七月，愛迪生家搬遷到密西根州休倫湖畔的休倫港。	
1855年	8歲	進入休倫港的小學就讀。三個月後休學，開始在家跟著母親南西學習。	
1857年	10歲	在家中地下室打造了一間實驗室。	
1859年	12歲	開始在Grand Trunk鐵道列車上販賣報紙。在列車上打造實驗室，進行科學實驗。	

1862年	15歲	在列車上販賣自己獨立製作的報紙《先驅報》。 列車內的實驗室引發火災。 在芒特克萊門斯車站，救了差點被火車撞上的站長小孩，站長為了答謝他，於是教導他電信技術。	
1863年	16歲	成為電報技師，四處遊歷。	美國發表解放奴隸宣言。
1864年	17歲	成為加拿大斯特拉特福車站的夜間電報技師。	
1868年	21歲	前往波士頓，成為電信局的電報技師。	日本年號改為明治。
1869年	22歲	六月，發明電子投票計數器，並取得第一項專利。 前往紐約，在黃金證券公司工作。	蘇伊士運河開通。 在東京與橫濱之間，開通日本的第一條電信纜線。
1870年	23歲	發明證券報價機。 售出證券報價機的專利，獲得四萬美金的鉅款。	

西曆	年齡	愛迪生的生平	世界和日本發生的大事
1871年	24歲	發明列印機及雷明頓打字機等。母親南西過世。與一見鍾情的瑪麗・史迪威結婚。	日本實行「廢藩置縣」。
1876年	29歲	在紐澤西州門洛帕克建造新的研究室。	貝爾發明電話。
1877年	30歲	發明電話的碳素送話機。八月，發明留聲機。	創立博愛社（日本紅十字會）。
1878年	31歲	正式開始研發白熾電燈。設立愛迪生電燈公司。	
1879年	32歲	十月二十一日，發明使用碳燈絲的白熾電燈。	
1880年	33歲	發明燈座和開關等，與電燈及發電相關的器具，接二連三獲得專利。	

1882年	35歲	在倫敦及紐約建造世界第一座發電廠。	創立日本銀行。
1884年	37歲	妻子瑪麗病逝。	
1885年	38歲	申請無線電報的專利。	自由女神像抵達紐約港。伊藤博文出任第一任總理大臣。
1886年	39歲	與米娜・米勒再婚。	
1887年	40歲	研究室遷移到紐澤西州西奧蘭治。改良圓筒型留聲機。	
1889年	42歲	發明活動電影放映機（經由小窗子觀看盒子裡的電影）與活動電影攝影機。在巴黎萬國博覽會上受到盛大歡迎，並結識微生物學家巴斯德、電力事業家兼發明家西門子。	頒布《大日本帝國憲法》。鐵道東海道本線全線開通。
1891年	44歲	申請電影膠片專利。從事礦山事業。	

西曆	年齡	愛迪生的生平	世界和日本發生的大事
1894年	47歲	箱型活動電影放映機播放的影片在紐約上映。	爆發中日甲午戰爭。
1896年	49歲	結識在愛迪生旗下公司擔任主任技師的亨利・福特（之後的汽車大王）。	在雅典舉行第一屆近代奧運。 宮澤賢治誕生。
1898年	51歲	發明使用水泥建造房子的方法。	居禮夫妻發現鐳。
1899年	52歲	著手研究蓄電池。	
1901年	54歲	在紐澤西州新村（New Village）設立水泥工廠。	福澤諭吉過世。 舉辦第一次諾貝爾獎頒獎典禮。
1910年	63歲	發明愛迪生蓄電池（現代鹼性電池的原型）。 使用改良過的鹼性蓄電池，實際生產電動汽車。	南丁格爾過世。 德蕾莎出生。

1913年	66歲	組合活動電影放映機和留聲機，發明「有聲活動電影機（Kinetophone）」（有聲音的電影）。	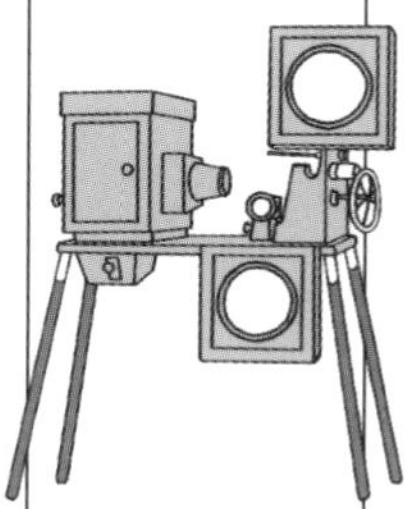
1914年	67歲	西奧蘭治研究所發生火災。	爆發第一次世界大戰。
1915年	68歲	成為海軍顧問委員會會長。	
1927年	80歲	開始研究人工橡膠。	林白成功完成不著陸飛行橫越大西洋的壯舉。
1928年	81歲	十月，獲贈美利堅合眾國勳章。	野口英世過世。
1929年	82歲	十月二十一日，在密西根州迪爾伯恩舉辦電燈問世50週年紀念會；福特仿照門洛帕克研究所建造了一樣的建築物（後來成為博物館），獻給愛迪生。但是，愛迪生卻在慶祝會上昏倒。	安妮法蘭克出生。
1931年	84歲	十月十八日，愛迪生於西奧蘭治家中辭世。	發生九一八事變。

參考文獻

《愛迪生的一生》
Ronald William Clark著、小林二三譯、東京圖書
《愛迪生的一生》
Matthew Josephson著、矢野徹等人譯、新潮社
《改變世界的科學家愛迪生》
Steve Parker著、鈴木將譯、岩波書店
《愛迪生　揭開電力時代的序幕》
Gene Adair著、近藤隆文譯、大月書店
《發明戰爭　愛迪生 VS 貝爾》
木村哲人著、筑摩書房
《快人愛迪生　21世紀奇才復活》
濱田和幸著、日本經濟新聞社
《愛迪生　發明20世紀的男人》
Neil Baldwin著、椿正春譯、三田出版會
《天才愛迪生的秘密　母親教導的7項守則》
Henry幸田著、講談社
《圖解　愛迪生大百科》
山川正光著、Ohmsha
《愛迪生》
櫻井信夫著、POPLAR口袋文庫、POPLAR社
《看看這個人！創造歷史的偉人傳　愛迪生》
PROJECT新・偉人傳著、POPLAR社

協助／日本國立科學博物館
照片提供／©SCIENCE SOURCE/amanaimages　日本國立科學博物館

野人文化
讀者回函卡
野人

書　名

姓　名　　　　　　　　　　　　□女　□男　　年齡

地　址

電　話　　　　　　　　　　手機

Email

□同意　□不同意　　收到野人文化新書電子報

學　歷　□國中（含以下）□高中職　□大專　□研究所以上
職　業　□生產/製造　□金融/商業　□傳播/廣告　□軍警/公務員
□教育/文化　□旅遊/運輸　□醫療/保健　□仲介/服務
□學生　□自由/家管　□其他

◆你從何處知道此書？
□書店：名稱 ______　□網路：名稱 ______
□量販店：名稱 ______　□其他 ______

◆你以何種方式購買本書？
□誠品書店　□誠品網路書店　□金石堂書店　□金石堂網路書店
□博客來網路書店　□其他 ______

◆你的閱讀習慣：
□親子教養　□文學　□翻譯小說　□日文小說　□華文小說　□藝術設計
□人文社科　□自然科學　□商業理財　□宗教哲學　□心理勵志
□休閒生活（旅遊、瘦身、美容、園藝等）　□手工藝／DIY　□飲食／食譜
□健康養生　□兩性　□圖文書／漫畫　□其他 ______

◆你對本書的評價：（請填代號，1. 非常滿意　2. 滿意　3. 尚可　4. 待改進）
書名 ____ 封面設計 ____ 版面編排 ____ 印刷 ____ 內容 ____
整體評價 ____

◆你對本書的建議：

野人文化部落格 http://yeren.pixnet.net/blog
野人文化粉絲專頁 http://www.facebook.com/yerenpublish

廣 告 回 函
板橋郵政管理局登記證
板 橋 廣 字 第 143 號

郵資已付 免貼郵票

23141
新北市新店區民權路108-2號9樓
野人文化股份有限公司 收

請沿線撕下對折寄回

野人

書號：0NNC4001

小野人01

漫畫版
世界偉人傳記
①
愛迪生
（二版）

漫　　畫　吉田健二
監　　修　前島正裕
譯　　者　黃瀞瑤

野人文化股份有限公司
社　　　長　張瑩瑩
總　編　輯　蔡麗真
副　主　編　王智群
責任編輯　陳瑞瑤
行銷企劃　林麗紅
版面設計　洪素貞
封面設計　果實文化

讀書共和國出版集團
社　　　長　郭重興
發行人兼出版總監　曾大福
業務平臺總經理　李雪麗
業務平臺副總經理　李復民
網路暨海外通路協理　張鑫峰
特販通路協理　陳綺瑩
印　　　務　黃禮賢、李孟儒

出　　版　野人文化股份有限公司
發　　行　遠足文化事業股份有限公司
地址：231 新北市新店區民權路 108-2 號 9 樓
電話：（02）2218–1417 傳真：（02）8667–1065
電子信箱：service@bookrep.com.tw
網址：www.bookrep.com.tw
郵撥帳號：19504465 遠足文化事業股份有限公司
客服專線：0800–221–029
法律顧問　華洋法律事務所　蘇文生律師
印　　製　成陽印刷股份有限公司
初　　版　2016 年 6 月
二　　版　2021 年 6 月

國家圖書館出版品預行編目 (CIP) 資料

漫畫版世界偉人傳記 . 1, 創新！愛迪生 (點亮全世界的發明大王)/ 吉田健二漫畫；黃瀞瑤譯 . -- 二版 . -- 新北市：野人文化股份有限公司出版：遠足文化事業股份有限公司發行 , 2021.06
面；　公分 -- (小野人；1)

譯自：コミック版　世界の伝記　エジソン

1. 愛迪生 (Edison, Thomas A., 1847-1931)
2. 傳記 3. 漫畫

781.08　　110007587

野人文化官方網頁

野人文化讀者回函
線上讀者回函專用 QR CODE，你的寶貴意見，將是我們進步的最大動力。

ISBN 978-986-384-527-0（精裝）

想要成功，

天才
是一分的天分，

我每天工作18小時。
既然我工作這麼久，
比別人加倍成功，
也是理所當然的。

即使
發明再完美，
也不會
自然傳播開來，
廣爲